MÚSICA 3

Alfonso Cifuentes
Eva F. Gancedo
Teresa Aguado
Rafael Rivas

PRIMARIA

APRENDER ES CRECER

ANAYA

APRENDER ES CRECER es un proyecto educativo de Anaya Educación para el tercer curso de Educación Primaria.

En la realización de este libro han intervenido:

Edición:
Cristina Fernández

Maquetación:
Elena Cofiño

Diseño de cubierta e interiores:
Miguel Ángel Pacheco y Javier Serrano

Corrección:
Sergio Borbolla

Tratamiento infográfico del diseño:
Patricia Gómez y Marta Gómez

Edición gráfica:
José M.ª Marcelino

Ilustraciones:
Dh_Creación
(Carlos Díaz)

Fotografías:
Archivo Anaya (Cosano, P.; Martín, J. A.),
Album y 123RF / QuicK Image

Agradecimientos: Museo Interactivo de la Música (MIMMA). Málaga.

Las normas ortográficas seguidas son las establecidas por la Real Academia Española en la *Ortografía de la lengua española,* publicada en el año 2010.

ISBN: 978-84-678-4831-1 - Depósito Legal: M-3742-2014 - Printed in Spain.

ET019223/1E9 - 8380070

Índice

Contenidos

El oído	Lenguaje musical	Música, cultura y sociedad
• Audición: «Farandola», *La Arlesiana*, de Bizet. • Diferencias entre oír y escuchar. • Dictado rítmico. • Identificación del pulso en rimas y retahílas.	• El pulso musical. • Principales figuras musicales y su duración. • La notación musical. • El pentagrama y la clave de SOL.	• Relato mitológico: *Narciso y Eco*. • Danza en fila: la farandola. • Compositor: George Bizet. • Música y movimiento: *Ven, mueve el esqueleto* (Estados Unidos).
• Audición: «Danza antigua», *Fausto*, de Gounod. • La altura en el pentagrama.	• La escala y el nombre de las notas. • Pulso y compás. • El compás binario.	• El musical: *Sonrisas y lágrimas*. • Compositor: Charles Gounod. • Relato: El flautista de Hamelín. • Canciones de Navidad en otras culturas: *Rueda, rueda* (villancico popular de Perú).
• Audición: «Le basque», *Cinco antiguas danzas francesas*, de Marais. • Dictado melódico.	• La duración en partitura no convencional. • Escritura de notas en el pentagrama.	• Compositor: Marin Marais. • Relato mitológico: Flauta de Pan. • La flauta de pan. • Los cantos de trabajo: *Banana boat song* (Estados Unidos).
• Audición: *Caballería ligera*, de Suppé. • Reconocimiento de pulsos en un compás cuaternario.	• El compás cuaternario. • La semicorchea. • Partituras convencionales y no convencionales.	• Distintos tipos de flautas según su material. • Relato: *Eolo*. • Danza en parejas: *Branle de los caballos*. • Compositor: Franz von Suppé. • Música y fiesta: *Salta, Kalinke* (popular de Bulgaria).
• Audición: *Sexta Sinfonía, Pastoral*, de Beethoven. • Dictados melódicos y rítmicos. • Identificación de sonidos graves, medios y agudos.	• Escritura de notas en el pentagrama. • La variación. • La altura del sonido. • Repaso de distintas grafías musicales.	• Relato: Kokopelli. • Compositor: Ludwig van Beethoven. • La naturaleza como inspiración: *Lavanda azul* (popular de Inglaterra).
• Audición: *Marcha turca*, de Mozart. • La voz humana y el canto. • Identificación de voces agudas y graves. • Identificación de agrupaciones vocales.	• Escritura de notas en el pentagrama. • El timbre y la altura del sonido.	• Los estilos músico vocales. • Compositor: W. A. Mozart. • Música y juego: *Una, dos y tres* (popular de Marruecos).

1 Un duende en el silencio

La música es un arte que se aprecia gracias al sentido del oído. Este sentido nos permite oír y escuchar el sonido y el silencio.

Observa e indica las fuentes del sonido.

1 Escucha, aprende y canta **Duende.** Acompaña con percusión.

Duende, llévanos a esa laguna
donde el gran monstruo tiene su cuna.
Duende, llévanos a ese lugar
donde el fantasma se para a descansar.

Y llévanos, también, a la montaña azul,
donde me han dicho que las piedras te contestan.

Y dicen eco.
Y dicen eco. (bis)
Y dicen eco, eco, eco.

Duende, llévanos a ese gran bosque
donde las hadas viajan en coche.
Duende, llévanos en autobús
a donde la bruja canta y toca un blues.

Estribillo

Duende, llévanos al río rojo,
donde me meto, pero no me mojo.
Duende, llévanos a imaginar
que cualquier cosa puede pasar.

Estribillo

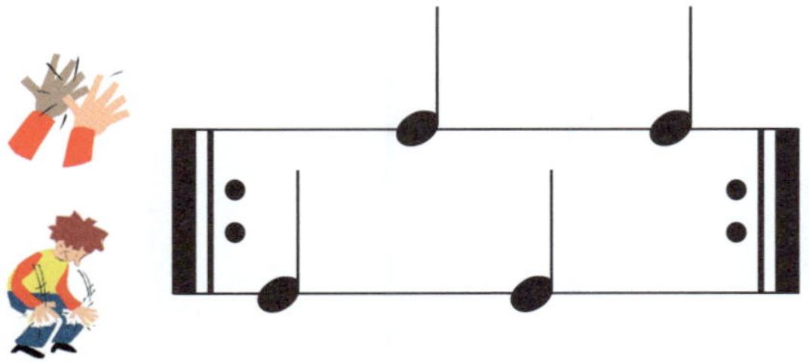

El oído puede reaccionar ante los sonidos que nos rodean de dos formas diferentes: oír o escuchar.

- **Oír** es percibir sonidos y silencios. Oímos aunque no tengamos intención de hacerlo. No requiere esfuerzo.
- **Escuchar** es prestar atención a los sonidos que percibimos. Escuchamos con intención de hacerlo y requiere un esfuerzo mental para interpretar lo que se oye.

2 Observa, relaciona y numera.

(1) Escuchan la televisión (2) Oyen la televisión

3 Escribe **oigo** o **escucho** según corresponda.

- De camino al colegio, ____________ el tráfico y ______________ a mi madre.
- En el patio, ______________ lo que me dice mi amigo mientras ____________ jugar a los demás.

Llamamos **pulso** a los latidos o pulsaciones de la **música.** Se repite de forma constante y sirve para comparar la duración de las notas y los silencios.

El pulso puede ser unas veces más rápido que otras y puede retrasarse o acelerarse.

El pulso lo verás representado así: •

4 Recita y marca el pulso con una percusión. Después, escucha y hazlo sobre la música.

Tengo un gallo en la cocina
que me dice la mentira.
Tengo un gallo en el corral
que me dice la verdad.

Treinta días trae noviembre
con abril, junio y septiembre;
de veintiocho solo hay uno;
los demás, de treinta y uno.

En la casa de Pinocho
solo cuentan hasta ocho:
uno, dos, tres, cuatro,
cinco, seis, siete y ocho.

El sonido y el silencio de la música se pueden escribir. Para ello, se utilizan las **figuras**, los **silencios** y los **signos** musicales.
El pulso indica la duración de las figuras. La figura negra dura un pulso ♩

5 Observa y recuerda las principales figuras musicales y su duración. Después, interpreta con palmadas.

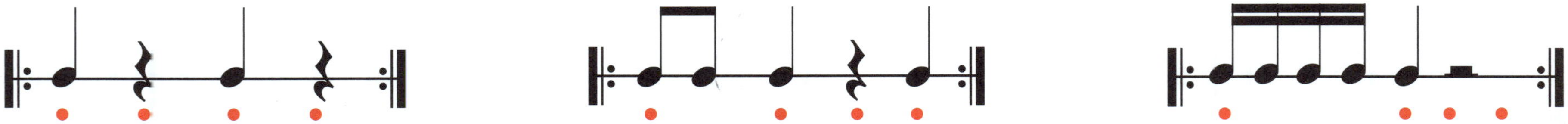

6 **Dictado rítmico.** Escucha con atención el dictado y escribe las figuras correspondientes.

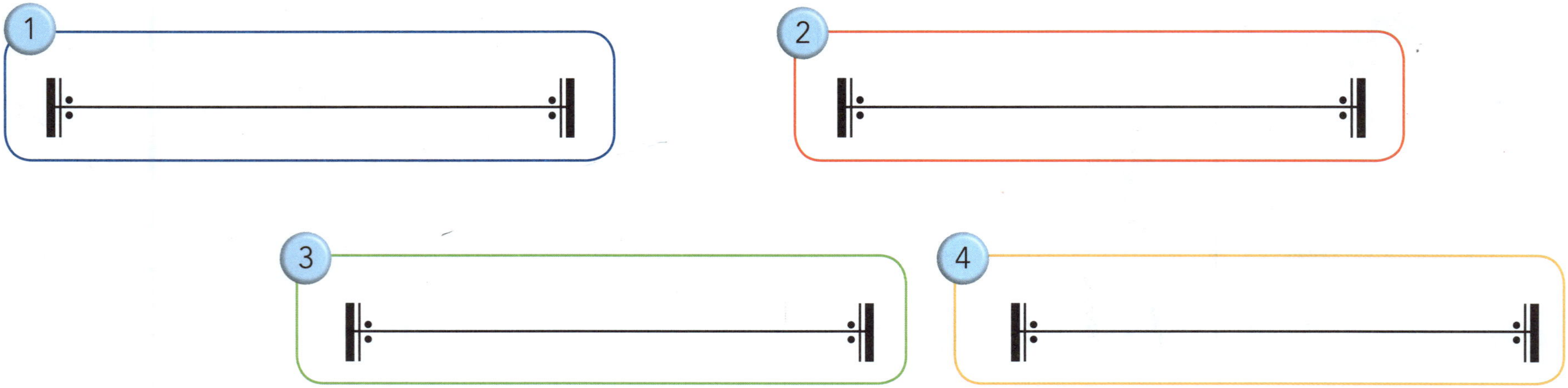

La **farandola** es una antigua forma de danzar en grupo. Los bailarines se colocan en línea, dándose las manos suavemente. El primero propone los desplazamientos, y los demás le siguen.

El son de la música marca cómo deben moverse: andando, corriendo, saltando, etc.

7 Escucha, toca y danza en grupo la farandola siguiente.

Grupo 1 Tocan en las partes más marcadas y brillantes.

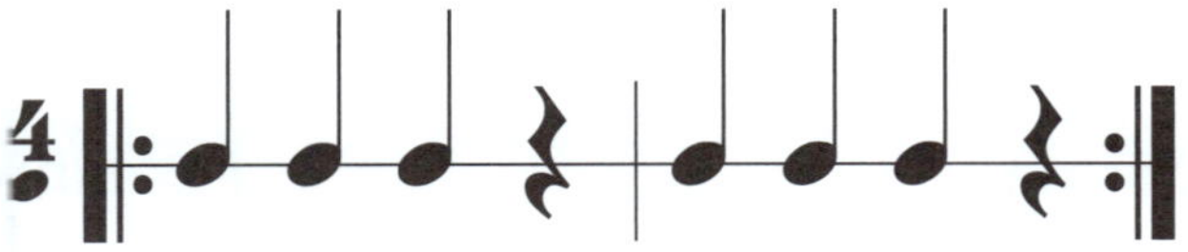

Grupo 2 y 3 Se desplazan siguiendo el pulso en las partes más ágiles.

Bizet

«Farandola»,
La Arlesiana, de Bizet.

El **arte** de la **música,** al ser un arte sonoro, ha necesitado dejar su huella a través del tiempo para poder seguir siendo admirado.

Así surgió la **notación musical,** un sistema de escritura que es universal porque todos los músicos lo entienden. Se utilizan signos musicales que transcriben la música. Principalmente, representan la altura y la duración del sonido y del silencio.

8 Observa, relaciona y une con líneas.

Un artista	Trabaja con	Y lo plasma en
Escritor	Colores y formas	Libros
Músico	Letras y palabras	Partituras
Pintor	Sonidos y silencios	Lienzos

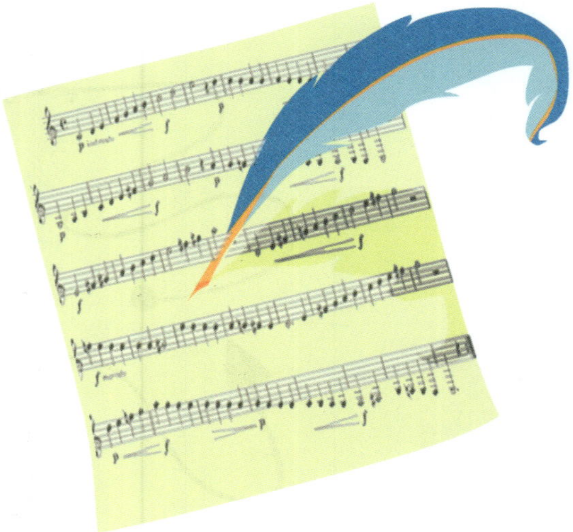

La música emplea un **lenguaje universal** que todos los músicos entienden.

Se escribe y se lee sobre el **pentagrama,** que está formado por cinco líneas horizontales y cuatro espacios.

Las líneas y los espacios se leen de abajo hacia arriba.

5.ª línea
4.º espacio
4.ª línea
3.er espacio
3.ª línea
2.º espacio
2.ª línea
1.er espacio
1.ª línea

9 Repasa en orden las cinco líneas del pentagrama. Dibuja una figura musical en cada línea.

5.ª línea --
4.ª línea --
3.ª línea --
2.ª línea --
1.ª línea --

10 Observa y dibuja una figura en cada espacio.

4.º espacio
3.er espacio
2.º espacio
1.er espacio

A la izquierda del pentagrama se coloca la **clave.** Es un signo musical cue da nombre a las notas.

Clave de SOL 

11 Repasa y dibuja la clave de **SOL.** Fíjate en el punto de inicio.

12 **Dictado melódico.** Escucha con atención el dictado y numera en orden.
Aprende los gestos para entonar **MI, SOL, LA**.

13 Lee **Narciso y Eco** y responde a las cuestiones.

Eco era una joven ninfa, como un hada de los bosques, parlanchina y alegre. Pero un día, Juno, esposa de Júpiter, se sintió molesta con su conversación y la condenó a no poder hablar. Solo podría repetir el final de las frases que escuchara. Eco, avergonzada, se recluyó en una cueva cerca de un riachuelo.

Narciso era un muchacho muy bello; solía pasear solo por el bosque y disfrutar de la naturaleza. Un día, pasó cerca de la cueva donde vivía Eco. Ella, al verlo, quedó embelesada y se enamoró perdidamente de él.

Narciso repitió en otras ocasiones el mismo paseo. Eco siempre le esperaba y le seguía a escondidas; hasta que, un día, al pisar una ramita, el chasquido alertó a Narciso. El joven se ocultó y esperó a que ella pasara. Eco palideció al ser descubierta y luego enrojeció cuando Narciso, enfadado, se dirigió a ella:

—Pero, tú, ¿quién eres? No te atrevas a seguirme. ¿Es que piensas que estoy enamorado de ti? ¡Qué estúpida!

Eco salió huyendo. Avergonzada y herida por el rechazo de Narciso, volvió a su cueva. Allí permaneció repitiendo en un susurro las últimas palabras que le había oído decir a Narciso... «qué estúpida...», «qué estúpida...».

Y dicen que allí se consumió de pena hasta convertirse en una roca de la cueva. Desde entonces, todo el que grita su nombre en una cueva o contra unas rocas, puede escuchar su voz repitiendo en eco las últimas palabras, prisionera de aquel conjuro que tanto le hizo sufrir.

- ¿Dónde has escuchado alguna vez el eco?

  ____

- ¿En qué consiste cantar en forma de eco?

  ____

  ____

TAREA: Ven, mueve el esqueleto

14 ¿Por qué se mueve nuestro esqueleto cuando escuchamos música? Descúbrelo con esta tarea. Primero, escucha, aprende y canta **Ven, mueve el esqueleto** una canción popular de Estados Unidos.

Ven, mueve el esqueleto (tres veces)
¡Y escucha la palabra del Señor! (bis)

El hueso del dedo gordo conectado al del pie;
el hueso del pie conectado al del talón;
el hueso del talón conectado al de la pierna;
el hueso de la pierna conectado al de la rodilla;
el hueso de la rodilla conectado al del muslo;
¡Escucha la palabra del Señor!

Estribillo

El hueso del muslo conectado al de la cadera;
el hueso de la cadera conectado al de la espalda;
el hueso de la espalda conectado al del hombro;
el hueso del hombro conectado al del cuello;
el hueso del cuello conectado al de la cabeza;
¡Escucha la palabra del Señor!

Estribillo

REPASO DE LA UNIDAD

15 Recuerda y completa con las figuras y los silencios musicales.

Blanca	Silencio de blanca	Negra	Silencio de negra	Corcheas	Semicorcheas
ta - an		ta		ti - ti	ti - ri - ti - ri

16 Dibuja la clave de SOL al principio de cada pentagrama y escribe seis figuras donde se indica.

En las líneas

En los espacios

17 Lee y completa.

- Oír es percibir sonidos y silencios. ____________ es prestar atención a los sonidos que percibimos.
- Llamamos ____________ al latido o pulsación de la música. Se repite de forma ____________.
- La figura ____________ dura un pulso.
- El ____________ está formado por cinco ____________ y cuatro ____________.

2 DO, RE, MI

Un monje llamado Guido D'Arezzo puso nombre a las notas musicales. Son siete y están ordenadas en el pentagrama según la altura del sonido: abajo las más graves.

Observa y cita los elementos relacionados con la música.

El musical *Sonrisas y lágrimas* es uno de los mayores éxitos de la historia del teatro musical. Posteriormente, se adaptó al cine y se convirtió en la película musical con mayor número de espectadores de la historia y en una de las bandas sonoras más populares.

1 Escucha y aprende **DO, RE, MI,** el tema más conocido del musical *Sonrisas y lágrimas.*

DOn, es trato de barón.

REs, selvático animal.

MI, denota posesión.

FAr es «lejos» en inglés.

SOL, ardiente esfera es.

LA, al nombre es anterior.

SI, asentimiento es.

Y de nuevo viene el **DO**.

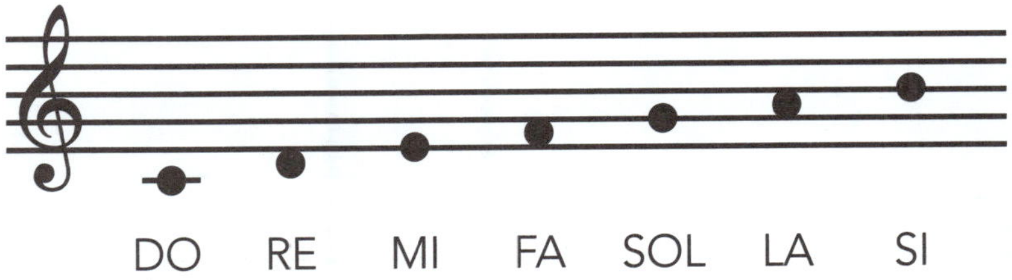

Las **notas musicales** representan la altura del sonido. Son siete, van en escala y cada una tiene su lugar en el pentagrama.

La nota más grave es **DO** y la más aguda es **SI**.

Así se escriben en orden ascendente y descendente:

2 Escribe los nombres de las notas musicales.

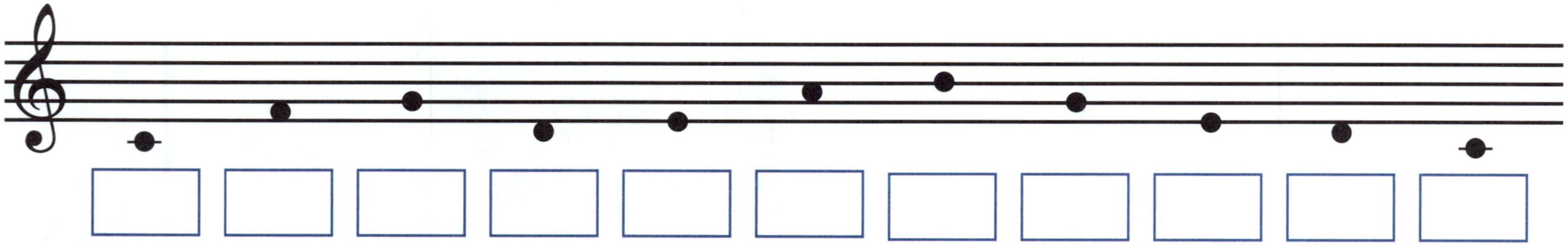

3 Escribe las notas musicales en el pentagrama.

4 Lee y escribe la respuesta:

- La nota más aguda de las que has escrito se llama: ______
- La nota más grave de las que has escrito se llama: ______

5 Observa e interpreta con láminas el siguiente rondó.

Forma: A B A C A D A E A

El hada verde

El **pulso** se puede organizar en grupos que se repiten de forma regular y constante; es decir, de forma acompasada.

Cada grupo de pulsos se llama **compás.** El compás **binario** tiene dos pulsos. En el pentagrama, se representa así: $\frac{2}{\bullet}$ o así $\frac{2}{4}$.

6 Lee y observa cómo, cuando bota una pelota, surgen dos pulsos, uno más fuerte y otro más suave. Rodea el más fuerte.

7 Canta el villancico mientras marcas el compás binario. Completa los pulsos.

Cam-	pa-	ni-	ta	del	lu-	gar	—
sue-	na a-	le-	gre,	sue-	—	na;	—
no	te	can-	ses	de	so-	nar	—
que hoy	es	No-	che-	bue-	—	na.	—

Gounod

«Danza antigua», *Fausto*, de Gounod.

8 Escucha y acompaña con pandereta como se indica. Colorea el final.

A — Grupo I

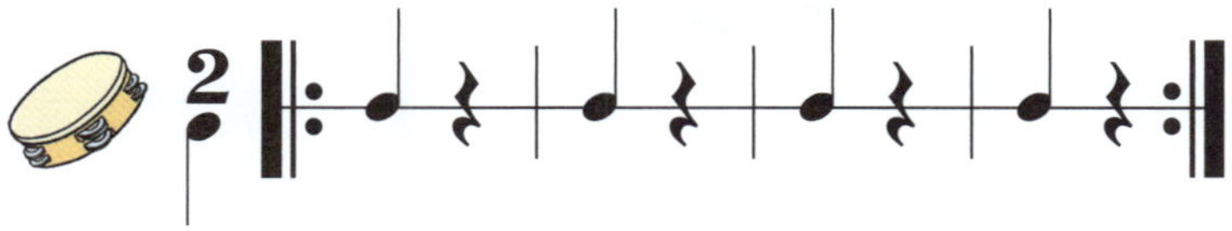

A — Grupo II

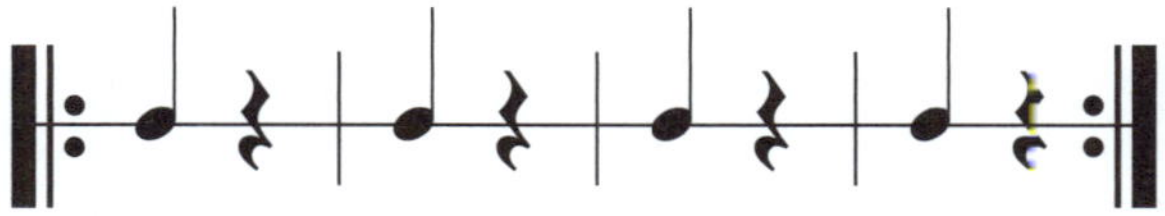

B — Grupo I

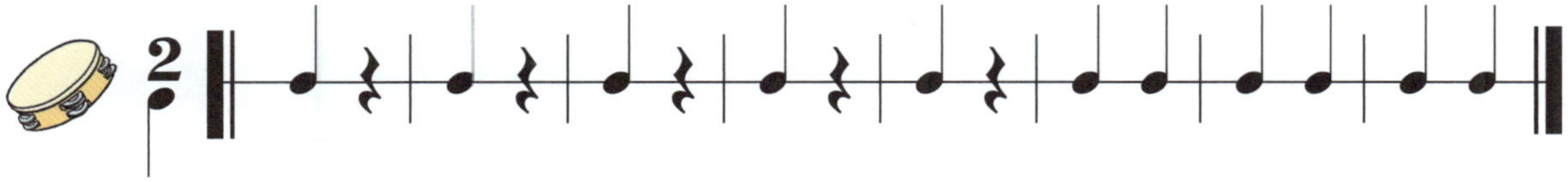

B' — Grupo II

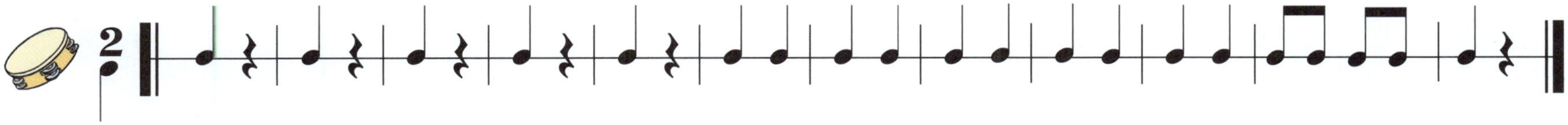

A — Grupo I

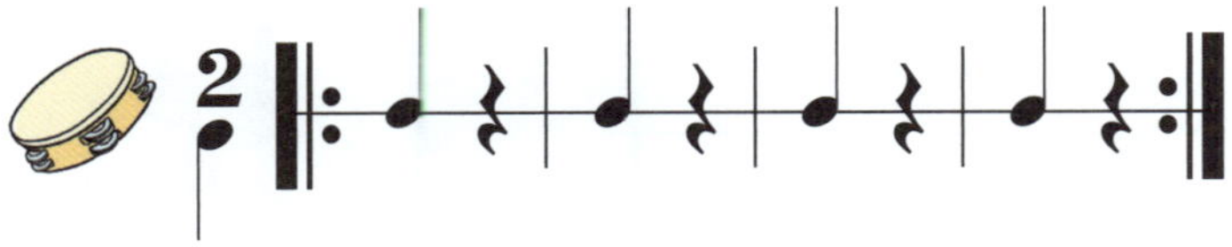

A' — Grupo II

(Sigue hasta el final)

Final

(Creciendo la intensidad)

La **flauta dulce** es un instrumento de viento-madera. Tiene forma de tubo y varios orificios que se tapan y se destapan para obtener el sonido de diferentes notas musicales.

9 Ten en cuenta las siguientes recomendaciones para obtener un buen sonido con tu flauta.

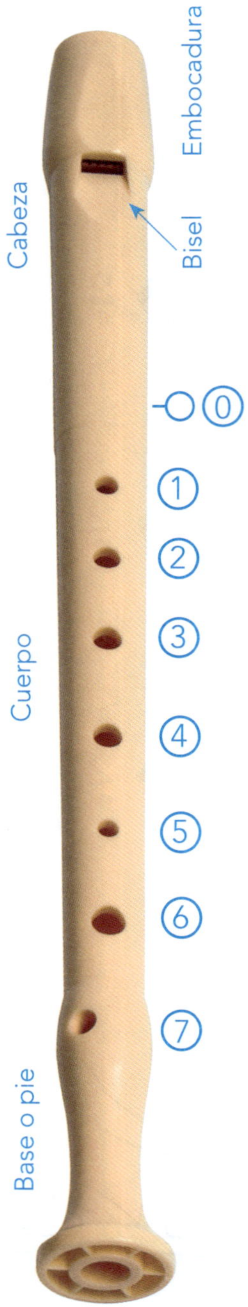

Postura

- La espalda recta, la cabeza erguida y la mirada al frente.
- Separa un poco la flauta y los codos del cuerpo.
- Sitúa la partitura en una posición cómoda.

Digitación

- La mano izquierda arriba.
- Coloca los dedos ligeramente estirados y no separados del cuerpo de la flauta.
- Tapa los orificios con la yema de los dedos sin apretar.

Respiración

Tres fases:

- **Inspiración:** toma aire por la nariz y expande el abdomen.
- **Retención:** mantén el aire dentro.
- **Espiración:** expulsa el aire lentamente.

Articulación

- Sitúa la lengua detrás de los dientes superiores.
- Expulsa el aire con suavidad pronunciando *tuuu* solo con el aliento, como si estuvieras cuchicheando.

10 Observa la flauta anterior y completa.

- La flauta dulce consta de un tubo sonoro dividido en tres secciones: ______________________________ .
- Otras partes de la flauta son la ______________________
  y el __________ .

11 Aprende en la flauta la posición de la **nota SI**. Escucha e interpreta.

Forma: (I A A B B) ×4

A

B

Percusión

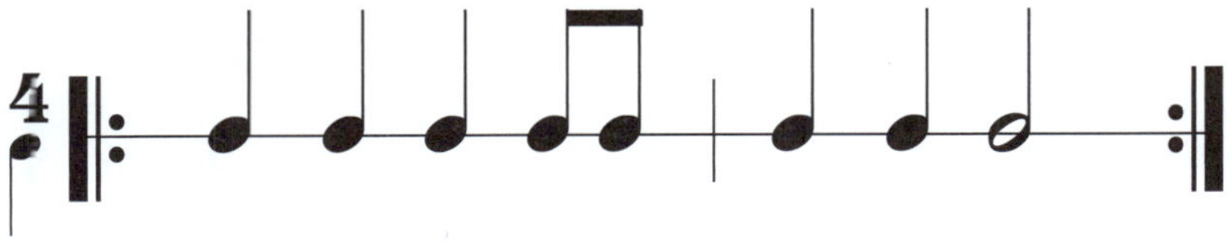

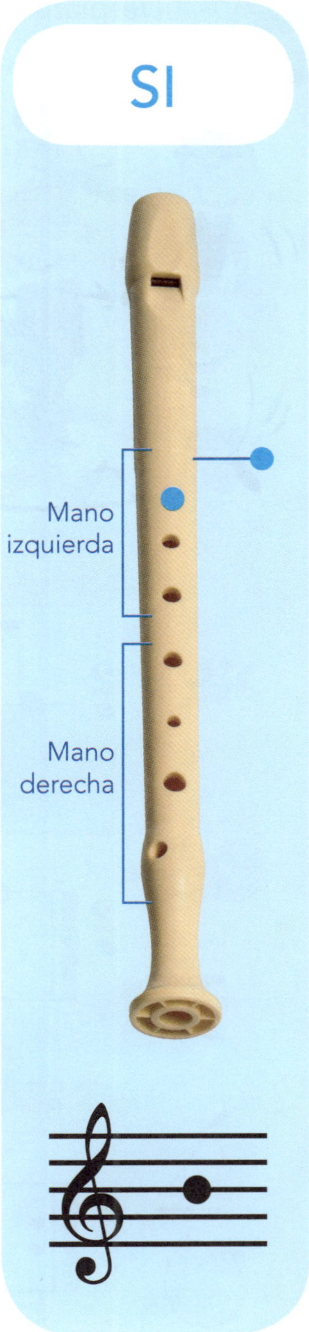

12 Escucha, baila y acompaña la danza **Minoesjka** (popular de Holanda).

Forma: (I A B_1 B_2) × 5

A Desplazamiento

B_1 Improvisación

B_2 Imitación

Intro

A

B

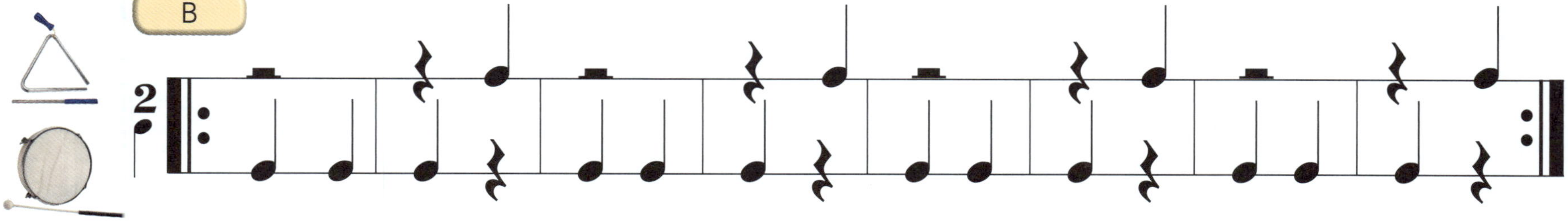

13 Lee **El flautista de Hamelín** y responde a las cuestiones.

Cuenta la leyenda que, en el año 1284, la ciudad alemana de Hamelín sufrió una terrible invasión de roedores.

Sus ciudadanos estaban tan desesperados que ofrecieron cien monedas de oro a quien les librara de la plaga. Fue entonces cuando apareció un curioso personaje dispuesto a resolver el problema a cambio de la recompensa.

Aquel hombre extraño tocó una melodía con su flauta. Misteriosamente, comenzaron a llegar ratas y ratones desde todas las casas y le rodearon.

Entonces, se dirigió a las afueras de la ciudad, llegó al río Weser y se metió en el agua. Todos los roedores que le seguían se ahogaron.

El flautista quiso cobrar su recompensa, pero se la negaron por lo fácil que le había resultado eliminar a las ratas: ¡Solo había tocado la flauta! Él se marchó de la ciudad lleno de rencor.

Dos días después, regresó disfrazado para que no le reconocieran. Volvió a tocar la flauta y esta vez acudieron todos los jóvenes de la ciudad. El flautista se los llevó y desapareció con ellos para siempre.

- ¿Qué problema tenían en la ciudad?

___

___

- ¿Qué hizo el flautista para resolver el problema?

___

___

___

- ¿Por qué no le dieron la recompensa?

___

___

___

TAREA: La celebración de la Navidad

14 ¿Crees que en todos los países celebramos igual la Navidad? Descúbrelo con esta tarea. Primero, escucha, aprende y canta **Rueda, rueda,** un villancico popular de Perú.

Rueda, rueda por la montaña
blanca luz del sol,
llega, llega cholo, cholito,
que es la Navidad. (bis)

Vuela, vuela blanca paloma,
sigue más allá,
lleva, lleva la «buena nueva»,
que es la Navidad.

¡Llevaremos la «buena nueva»
en Navidad,
que esta noche, a media noche,
Jesús nacerá.

Repaso de la unidad

15 Completa los siguientes compases con las figuras que conoces. Interpreta.

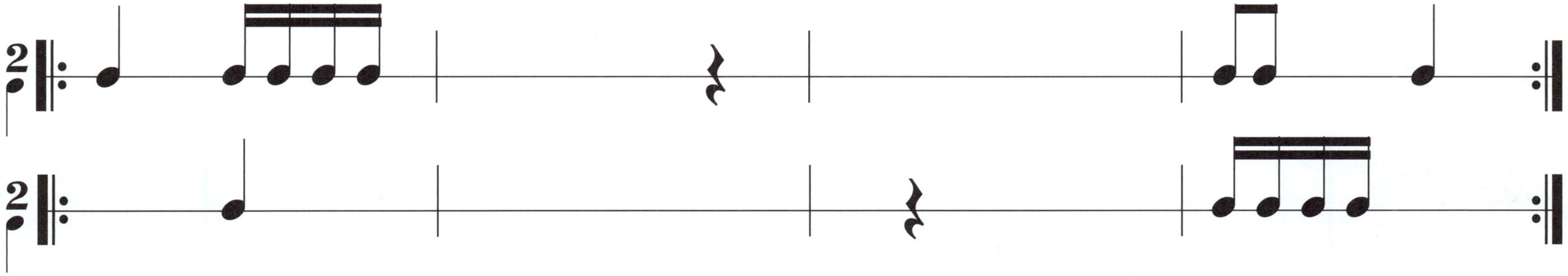

16 Relaciona y escribe en su lugar.

MI SOL–MI MI__

LA–LA SOL–SOL MI MI

SOL MI–SOL LA__

MI–MI LA–LA SOL__

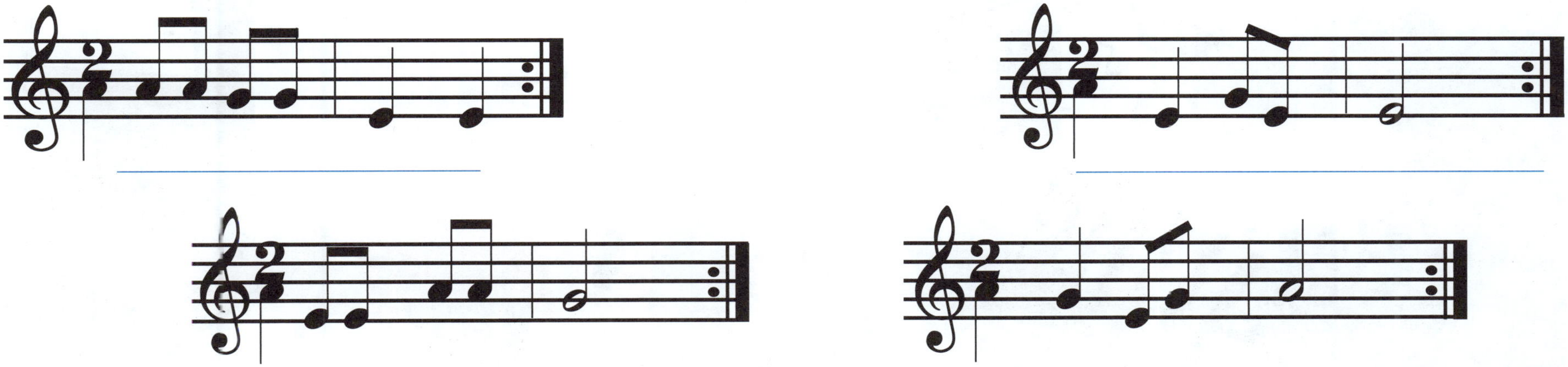

17 Escribe las notas con figuras negras.

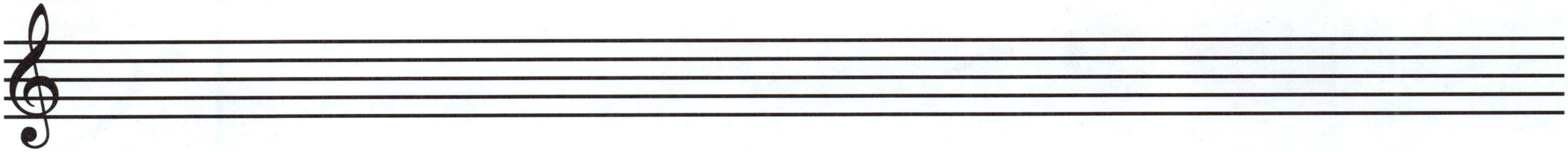

SOL MI RE DO FA LA SOL SI SOL DO

3 Genios diminutos

La música nos acompaña desde la infancia. Es un arte al alcance de todos. Su lenguaje, cuanto más se conoce, más se disfruta.

Rodea la flauta de pan y escribe el nombre de las notas.

1 Escucha, aprende y canta en grupo **Los marcianos.**

No les entiendo
ni con el diccionario.
¡Qué raro hablan
estos marcianos! (bis)

Llueve, llueve.
Hiela, hiela.
Y el marciano dice:
ela, ela. (bis)

Estribillo

Truena, truena.
Caen rayos.
Y el marciano dice:
uayo, uayo. (bis)

Estribillo

Graniza, graniza.
Nieva, nieva.
Y el marciano dice:
ieva, ieva. (bis)

Estribillo

2 Escucha, aprende y juega mientras sigues el pulso de la canción.

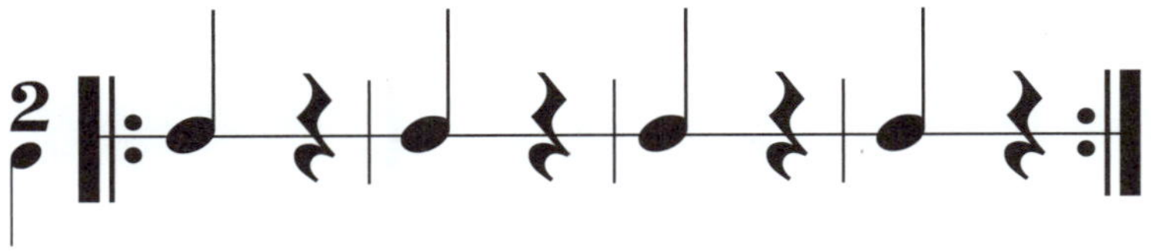

3 Lee con atención y completa las frases con estas palabras.

ocho | sonido | altura | dedo | pulgar | limpiador | flauta

- Al soplar suavemente por la embocadura de la flauta, el aire vibra en su interior y produce el ____________________.
- La flauta tiene ________________ orificios: siete delante y uno detrás. Los orificios se numeran, siendo el 0 el orificio de atrás y el 7 el de más abajo.
- A cada orificio le corresponde un ____________________. Se tapan y se destapan con la yema de los dedos, sin apretar.
- Al tapar y destapar los orificios, cambia la ____________________ del sonido: orificios destapados, sonido agudo; orificios tapados, sonido grave.
- El dedo ____________________ derecho se coloca en la parte de atrás de la flauta. No tapa ningún orificio; su misión es soportar el peso de la flauta.
- Antes de tocar, lee y practica las notas con la ____________________ apoyada en la barbilla.
- Cuando termines de tocar la flauta, seca suavemente la humedad de su interior con un ____________________ y guárdala en su funda.

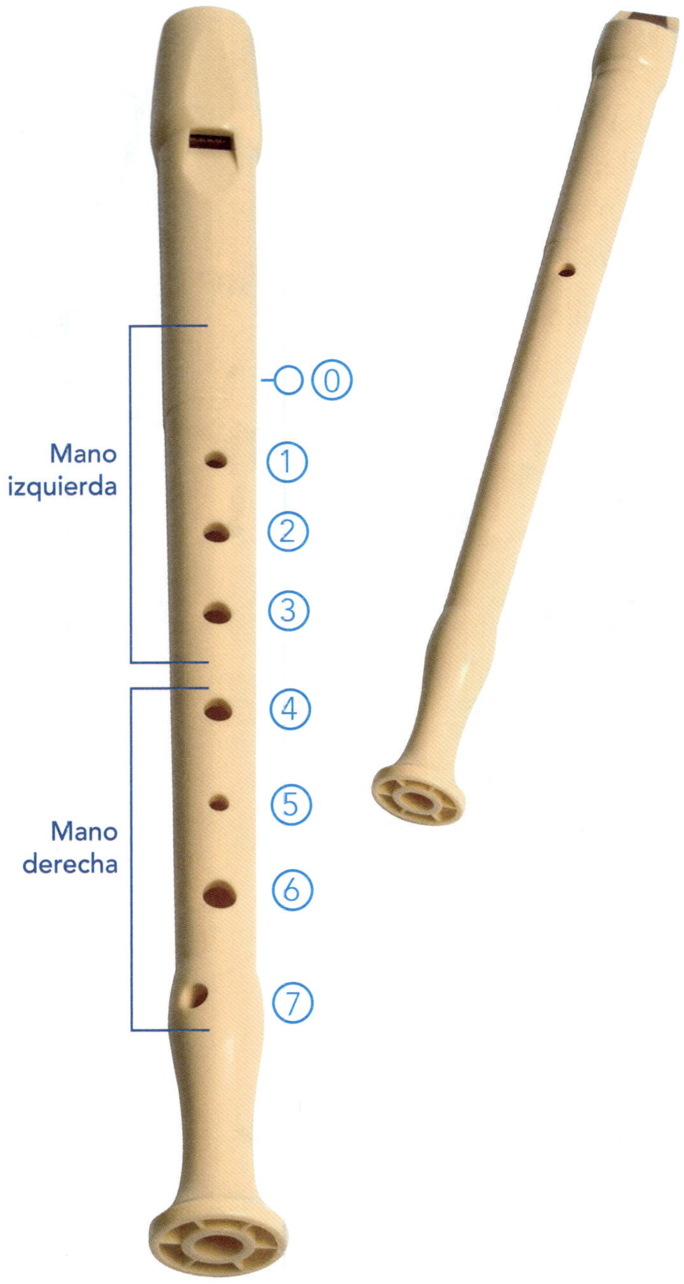

Para obtener un buen sonido de tu flauta, debes articular los sonidos correctamente. **Articular** consiste en controlar con la lengua el aire que soplas.

4 Completa e interpreta con tu flauta en la nota **SI**. Articula cada sonido con la sílaba *tu*.

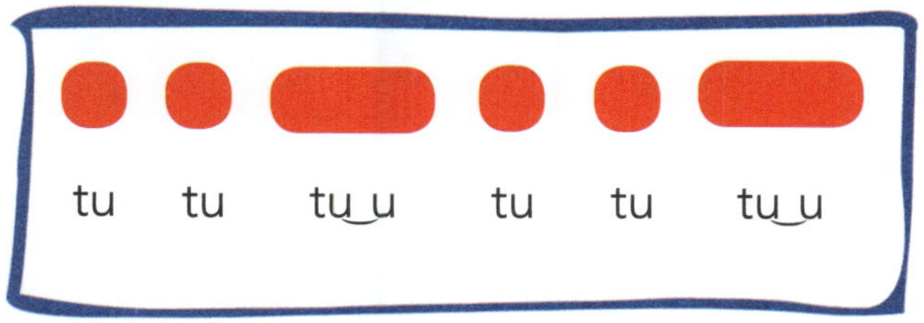

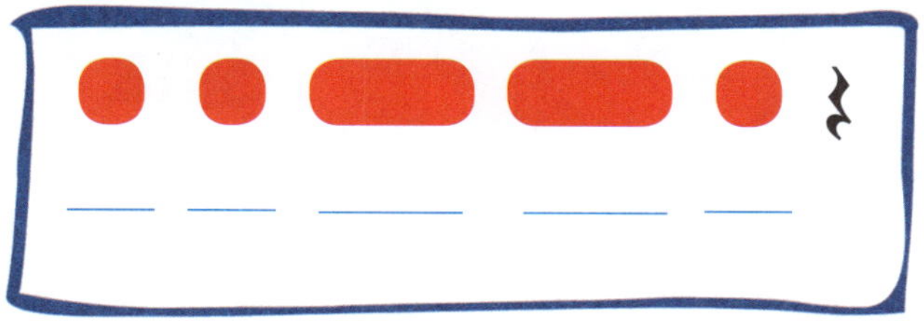

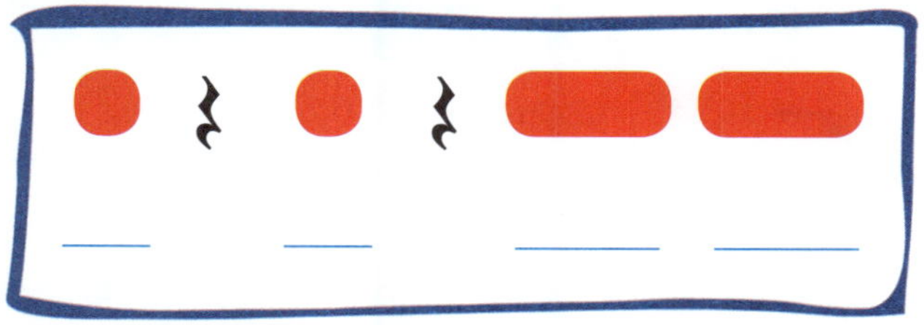

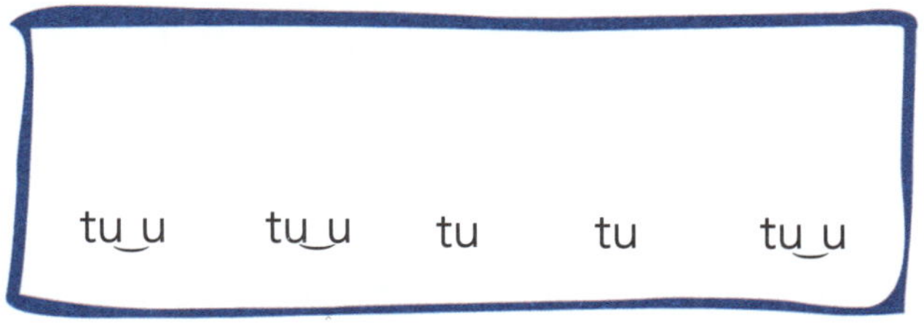

5 Articula con tu flauta en la nota **SI** las palabras siguientes.

Toro

Tetera

Tira

Títere

6 **Practica estos ejercicios para tener una buena digitación con tu flauta.**

Sitúa las manos como si tuvieras una flauta invisible y ve juntando las yemas de los dedos con el pulgar.

Ahora, practícalo sobre la flauta apoyada en la barbilla.

7 **Observa, relaciona y numera los dedos y los orificios según corresponda.**

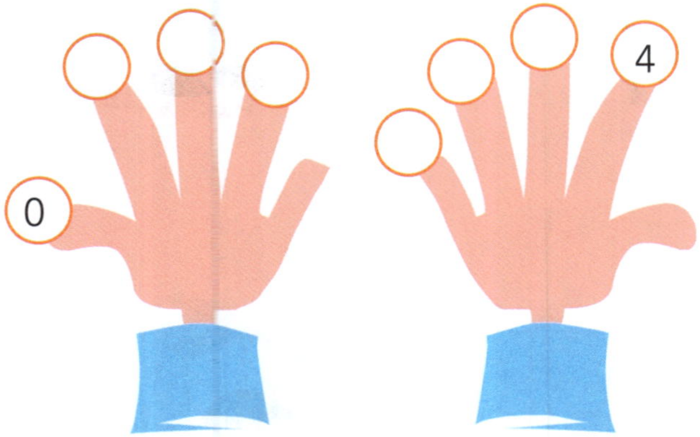

Mano izquierda   Mano derecha

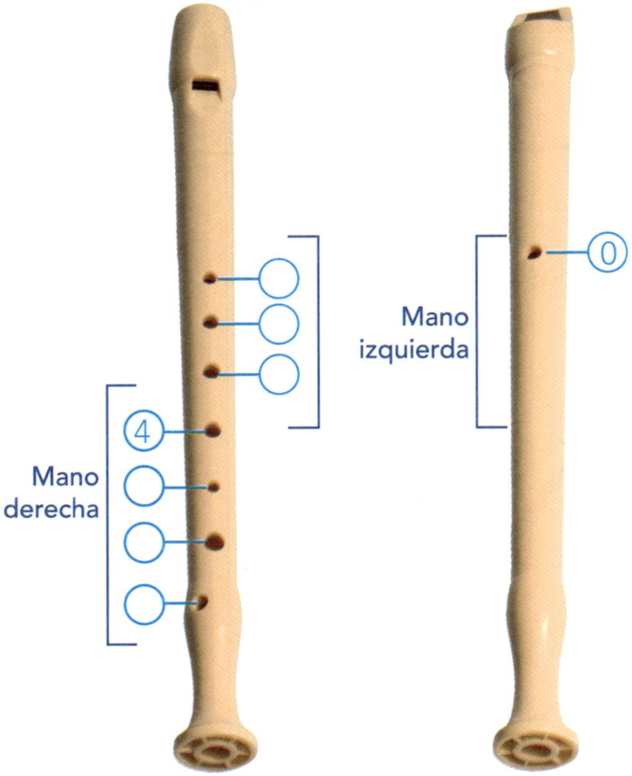

8 Aprende en la flauta la posición de la nota **LA**. Escucha e interpreta.

Marcha de los elfos

Forma: I A A B B
I A A B B I

A

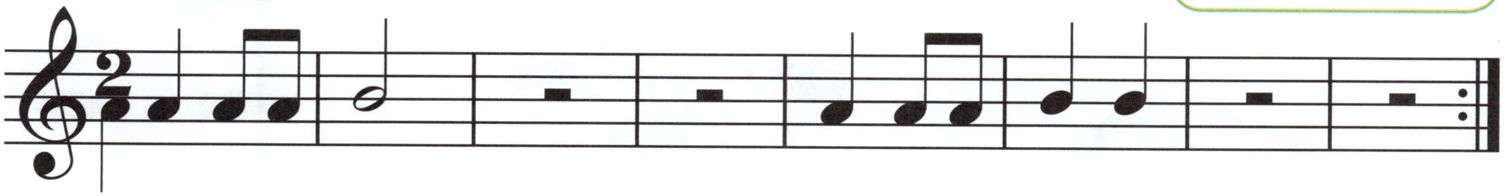

B

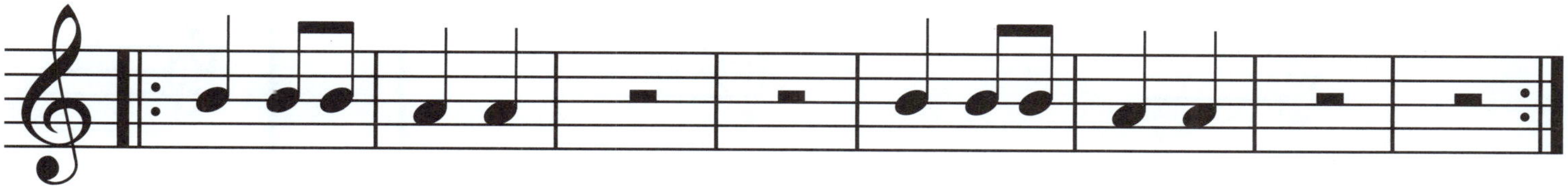

Percusión

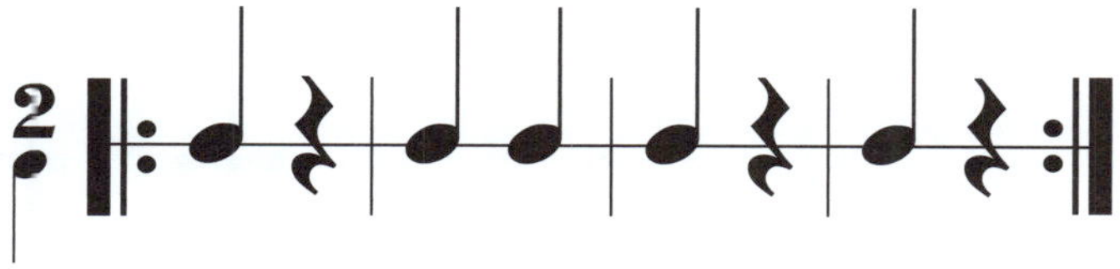

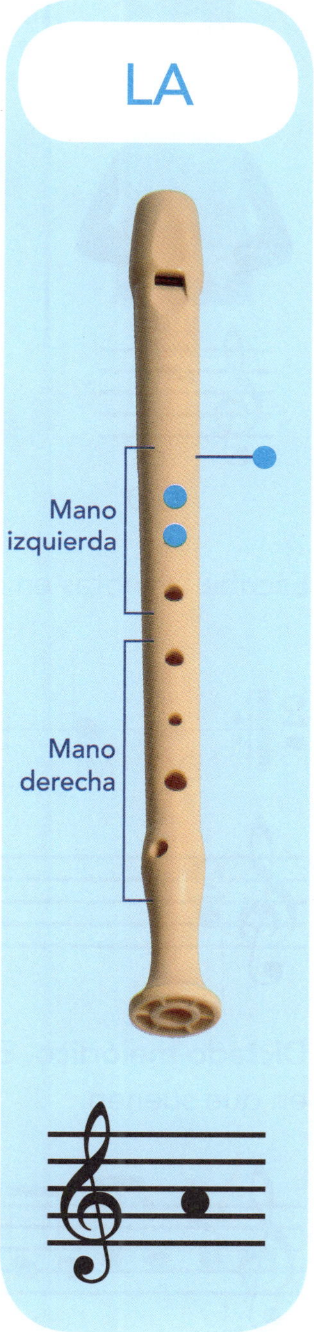

9 Colorea de rojo las notas **LA** y **SI**. Escucha y acompaña con un instrumento de láminas tocando esas dos notas.

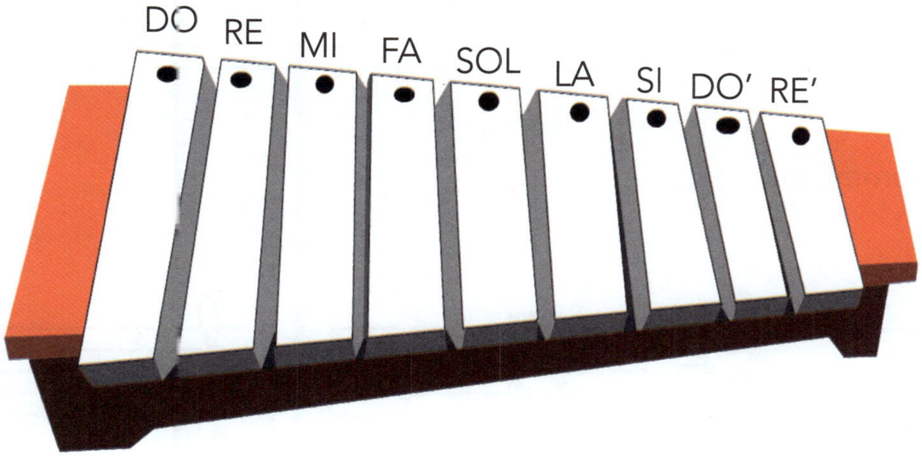

10 Observa y aprende el gesto para entonar la nota **DO.** Completa con las notas que ya conoces.

11 Escribe las notas en el pentagrama. Entona con los gestos aprendidos.

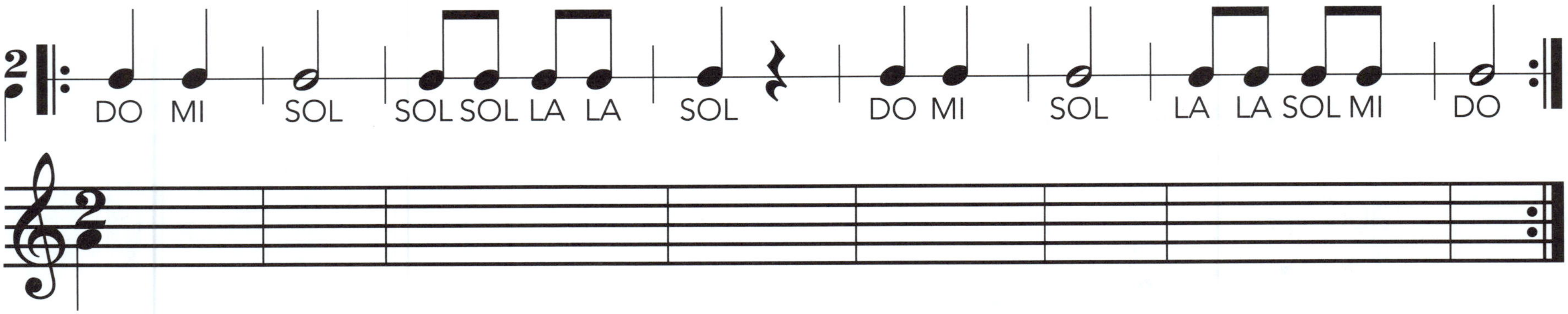

12 **Dictado melódico.** Escucha con atención el dictado y numera en el orden en que suenen.

13 Observa, aprende e interpreta como se indica.

A

El gnomo Momo

B

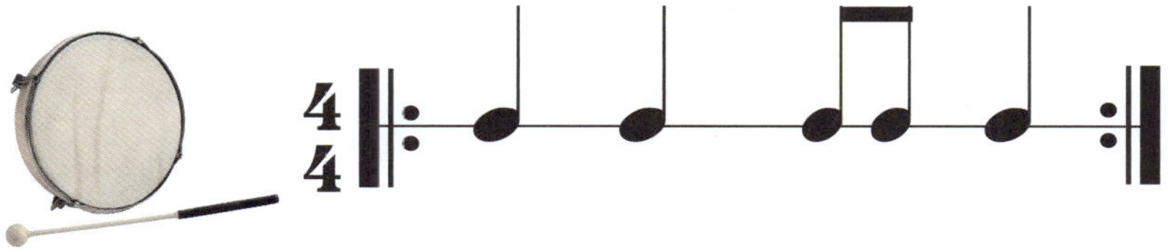

14 Escucha, observa y danza en pareja.

Forma: I (A A B B) ×3

A 1 se aleja de 2.

2 persigue al 1.

B Juego de palmas (dos veces).

1 y 2 giran hacia la derecha (ocho pulsos).

1 y 2 giran hacia la izquierda (ocho pulsos).

Marais

«Le basque»,
Cinco antiguas danzas francesas,
de Marin Marais.

15 Lee el relato de **Flauta de pan** y responde a las cuestiones.

Para los griegos, Pan es el dios que habita junto a las fuentes y en la sombra de los bosques; que cuida el ganado y los campos. Es mitad hombre, mitad carnero; aunque es de apariencia humana, tiene patas peludas, pezuñas, largas orejas y cuernos de macho cabrío.

Se dice que Pan hacía susurrar a los árboles y también era el que provocaba una sensación de alerta en los rebaños ante la tormenta, conocida como pánico, palabra que procede del nombre del dios.

Cuando era joven, Pan se enamoró de la ninfa Siringe y la seguía a todas partes, pero ella no le hacía caso. Un día en que la perseguía junto al río y estaba a punto de atraparla, los dioses se compadecieron de la ninfa y la transformaron en una caña de bambú para protegerla.

Pan quedó desolado. Para calmar su pena, cortó unos tallos de caña desiguales, unió unos a otros y fabricó con ellos la flauta conocica como zampoña.

La zampoña o siringa (por la ninfa) es un instrumento de viento compuesto de tubos huecos de caña de diferente tamaño unidos entre sí. Se coloca por debajo del labio inferior, y el sonido se obtiene cuando el aire roza el borde de los tubos.

Con esta flauta, Pan componía preciosas melodías, que acompañaba con su dulce voz. Por eso, la zampoña también es conocida como flauta de pan.

- ¿Cómo es la flauta de pan?

____

____

____

- ¿Cómo se toca la zampoña?

____

____

____

TAREA: Cantando al trabajar

16 ¿Has pensado alguna vez que, al cantar, algunos trabajos resultan menos duros y se hacen mejor, más rítmicos y alegres? Descúbrelo con esta tarea. Primero, escucha, aprende y canta **Banana boat song.**

Day-o, Day-ay-ay-o,
Daylight comes and I want to go home.
Day, me say day, me say day, me say day,
Daylight comes and I want to go home.

I work all night on and drink a soda.
Daylight comes and I want to go home.
Stack banana 'till the morning come.
Daylight comes and I want to go home.

Come, Mister tally man, tally me banana.
Daylight comes and I want to go home. (bis)

It's six foot, seven foot, eight foot bunch!
Daylight comes and I want to go home.
Six foot, seven foot, eight foot bunch!
Daylight comes and I want to go home.

A beautiful bunch of ripe banana
daylight comes and I want to go home,
hides the deadly black tarantula.
Daylight comes and I want to go home.

Repaso de la unidad

17 Relaciona y une.

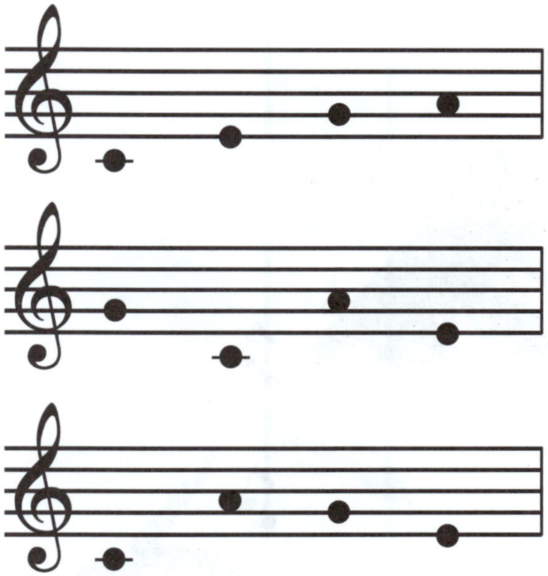

MI DO SOL LA

DO LA SOL MI

SOL DO LA MI

SOL LA DO MI

DO MI SOL LA

MI SOL LA DO

18 Escribe las notas en el pentagrama. Interpreta con tu flauta.

4 Al compás de la brisa

Una de las más antiguas artes de la música es convertir en sonidos melódicos el aire que pasa a través de un tubo.

Observa y nombra un instrumento de viento.

1 Escucha, aprende y canta **Navega con la vela.**

Navega, navega con la vela, (bis)
y sube y sube la bandera (bis).

Llévame al otro lado del mar;
contigo, pirata, quiero viajar.

Navega, navega, hasta encontrarme, (bis)
tesoros ocultos de los mares (bis).

Estribillo

Navega, navega, marinero, (bis)
azul es el mar, y azul, el cielo (bis).

Estribillo

2 Escribe una figura negra sobre cada pulso. Escucha y acompaña la parte instrumental siguiendo el ritmo.

Toca

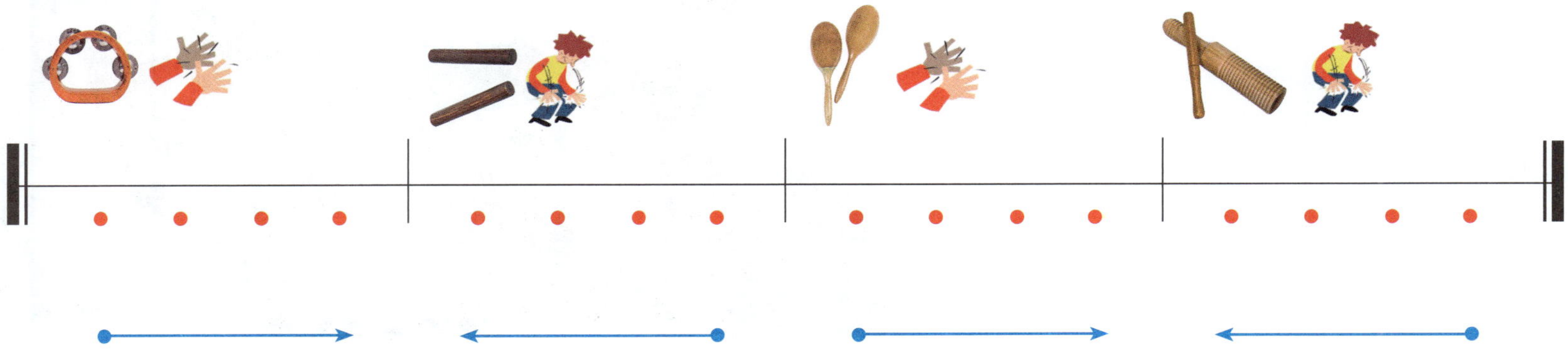

Muévete

Recuerda que cada grupo de pulsos se llama compás.

El **compás cuaternario** tiene cuatro pulsos | • • • • |

En el pentagrama, se representa así 4/♩ o así $\frac{4}{4}$

3 Observa el movimiento de la pelota de tenis. Practícalo con una pelota o con gestos.

4 Escucha y canta el estribillo de esta canción. Marca el pulso.

En la granja de Pepito, ia, ia, o, 𝄽

| • • • • | • • • • |

hablan los animalitos, ia, ia, o, 𝄽

| • • • • | • • • • |

5 Observa, aprende y juega a los piratas.

Los piratas

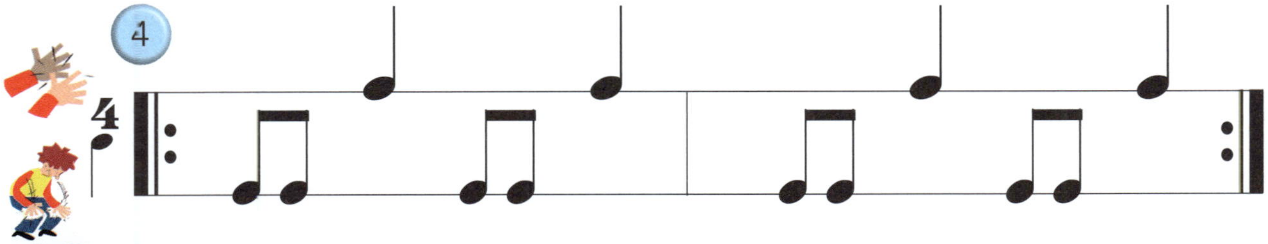

La flauta es el instrumento musical más antiguo que se conoce. Desde tiempos remotos, su **tubo sonoro** se fabrica con materiales naturales como cañas, huesos, cuernos, barro o madera.

6 Observa las flautas construidas con diferentes materiales naturales. Escribe qué material se ha utilizado en cada caso.

Cuerno | Hueso | Barro | Caña | Caracola

____

____

____

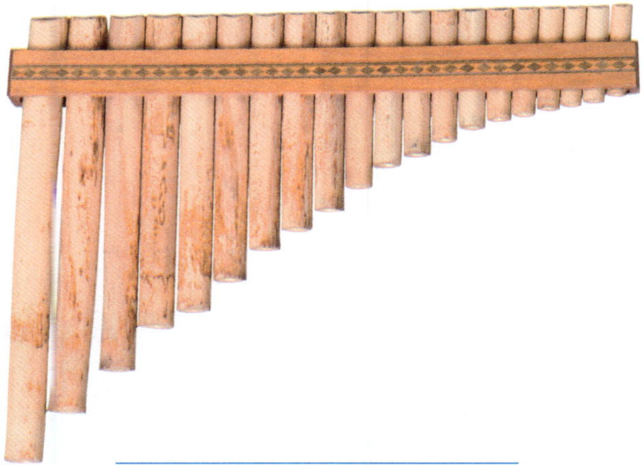

____

____

7 Aprende en la flauta la posición de la **nota SOL.** Escucha e interpreta.

Forma: (I A A A A B B) ×3

Un tesoro en el galeón

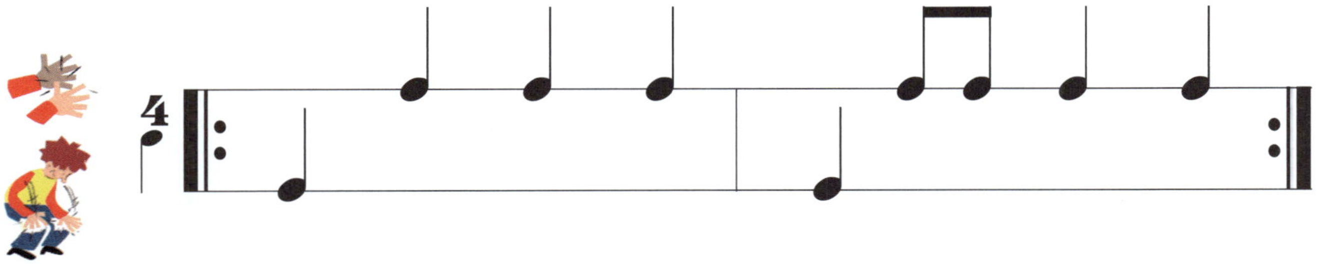

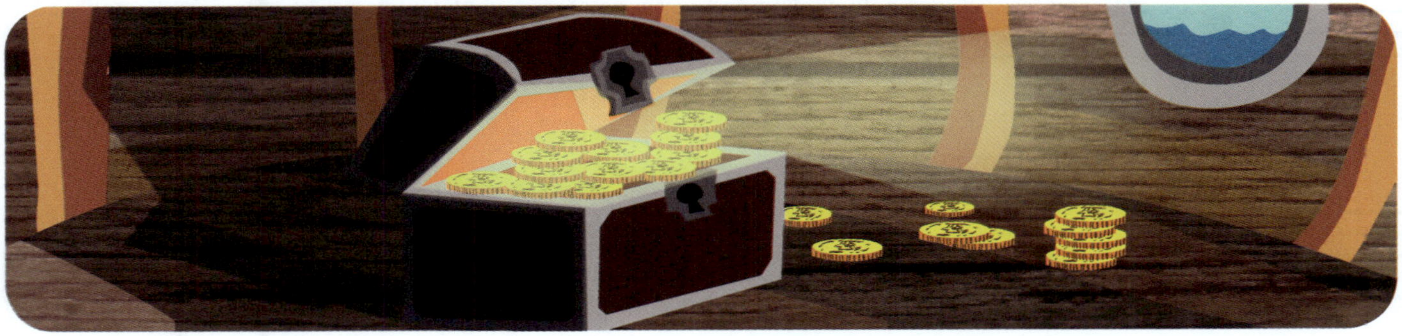

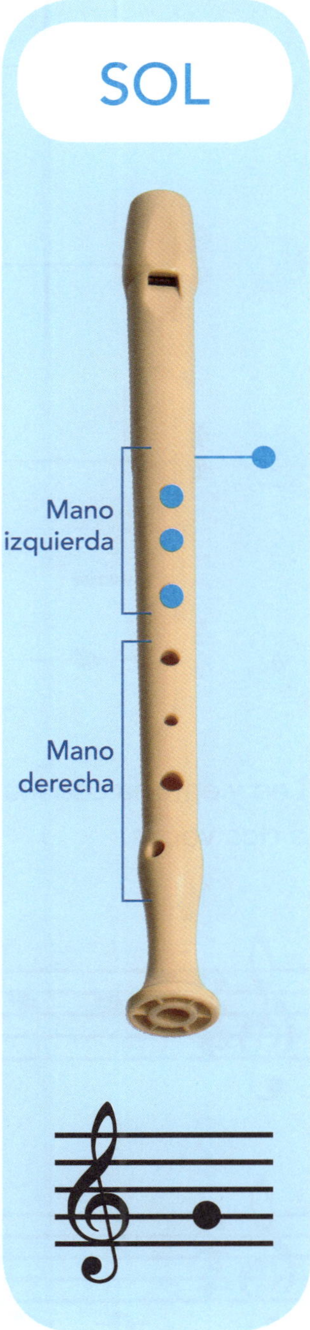

8 Observa y recuerda la duración de las figuras en un compás cuaternario. Interpreta.

1 2 3 4

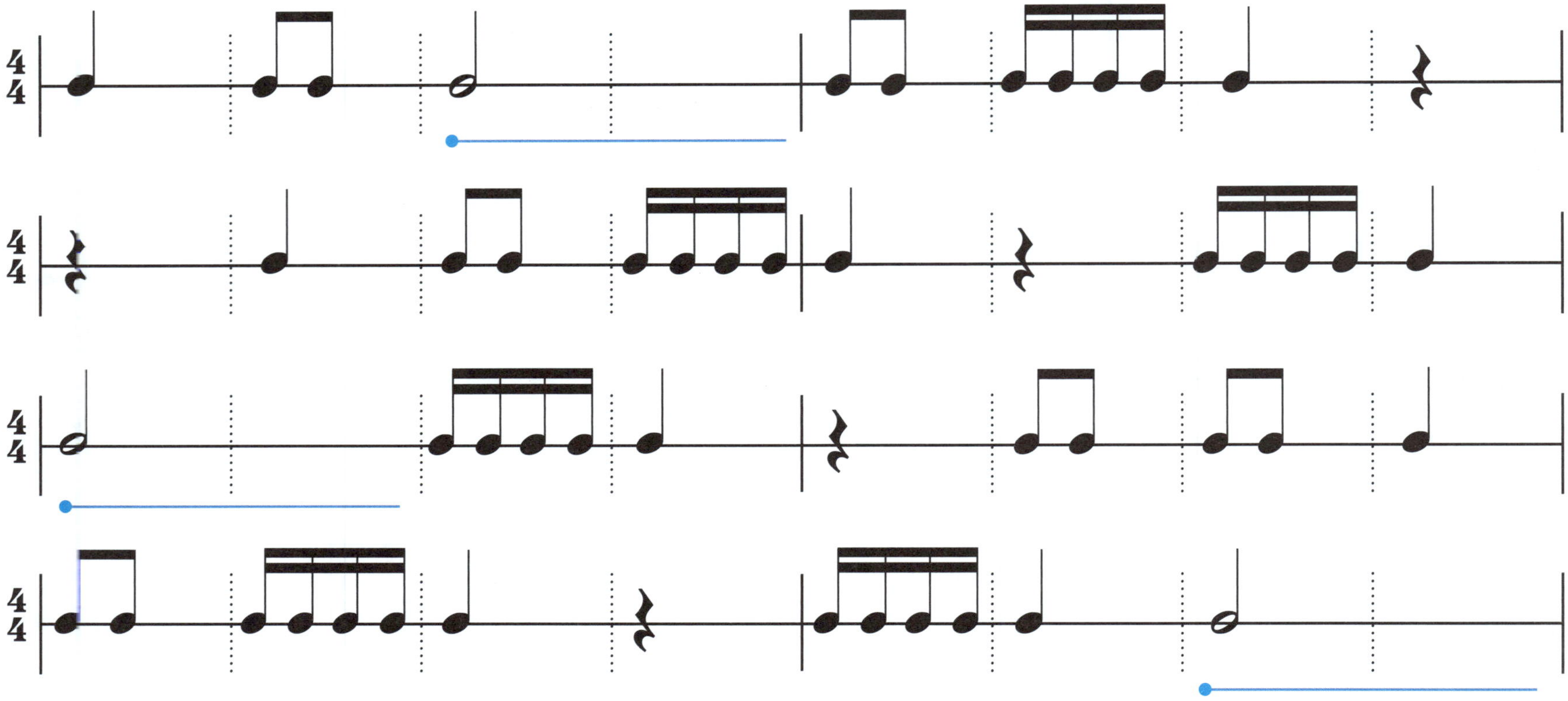

9 Lee y entona con los nombres de las notas. Después, canta con los demás a dos voces.

1

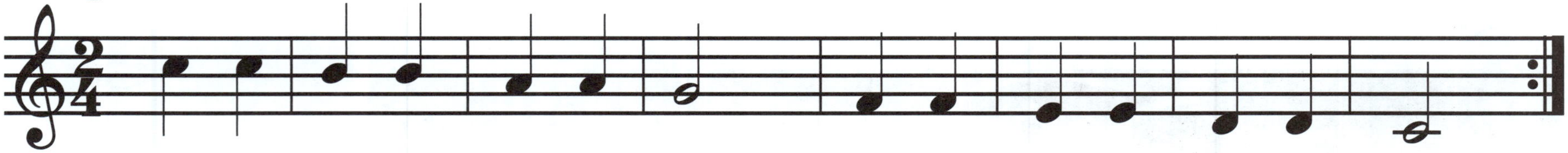

2

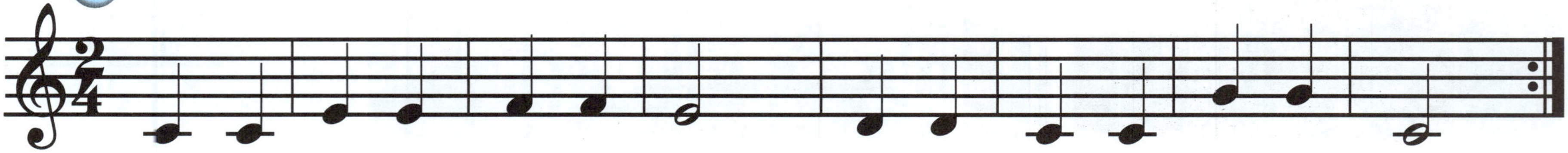

10 Escucha la música y baila con tus compañeros el **Branle de los caballos.**

Forma: (A B C C) ×3

Posición inicial Círculo concéntrico de parejas de la mano: damas en el interior, caballeros en el exterior.

Pasos branle doble

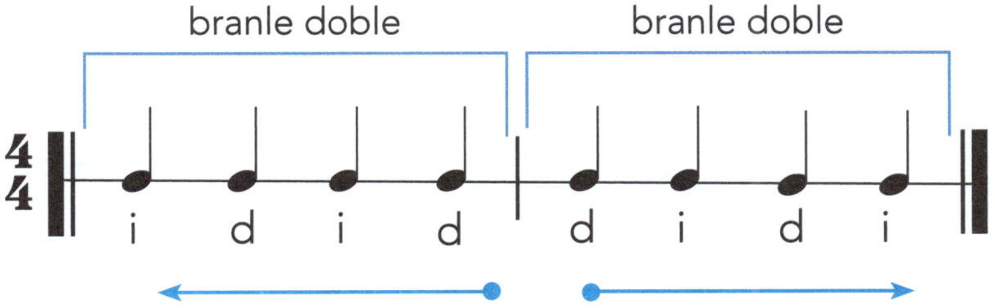

A Branles dobles (dos veces).

B Giro con la pareja

C **Caballeros:** arrastran 2 veces el pie dcho. imitando a los caballos; paso a la derecha y vuelta a la izquierda.

Damas: repiten imitando a caballeros.

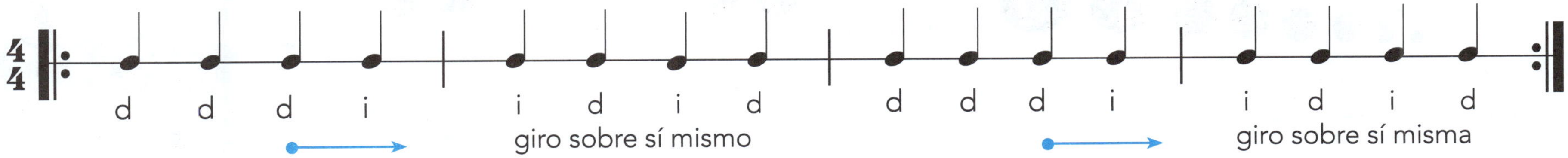

11 Escucha atentamente y acompaña como se indica.

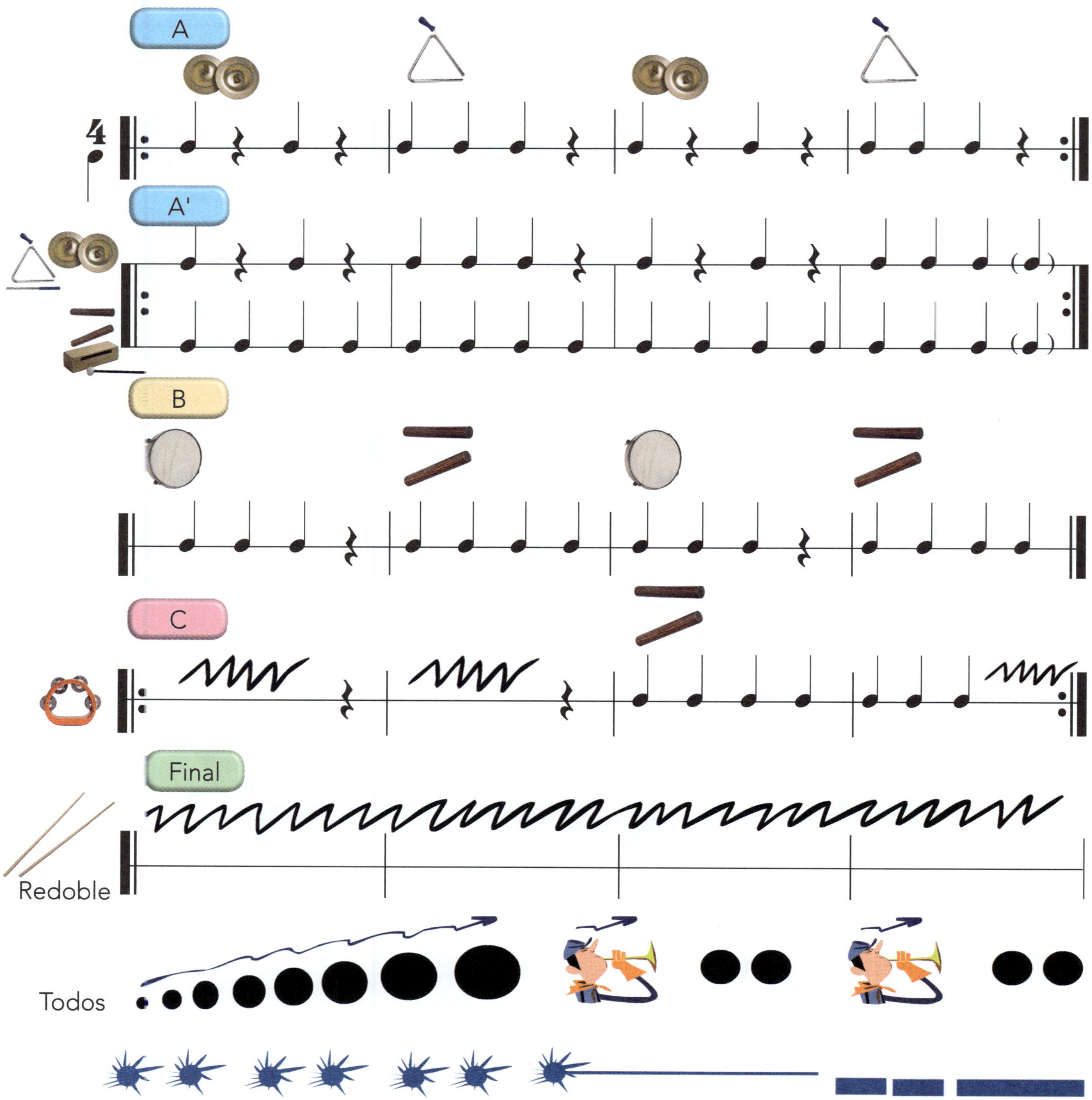

Suppé

Caballería ligera, de Suppé.

12 Lee el relato de **Eolo** y responde a las cuestiones.

Eolo era el dios griego de los vientos. Con ellos creaba tempestades, brisas o calma a su antojo. Tenía los vientos encerrados en una cueva, encadenados, para que no provocaran desastres en la tierra o en el mar.

Eolo y su familia vivían en la isla de Eolia. El sonido del viento había inspirado a sus habitantes para construir instrumentos musicales. Con ellos obtenían bellos sonidos que animaban fiestas y banquetes.

Un día, llegó a la isla el barco del gran héroe Ulises. Llevaba años navegando en su afán de volver a su hogar, Ítaca, pero los vientos desfavorables y otras dificultades se lo habían impedido. Eolo le recibió con hospitalidad, y cuando Ulises le pidió ayuda, se la dio. Para ello, Eolo buscó el viento que debía llevar a Ulises de regreso a Ítaca y lo liberó. El resto de los vientos los metió en un odre, que ató con un hilo de plata, y se lo entregó a Ulises antes de zarpar.

El barco navegaba veloz rumbo a Ítaca con el impulso del viento de Eolo. Cuando ya estaban cerca, los marineros aprovecharon que Ulises dormía para abrir el odre, creyendo que encontrarían oro y plata. Entonces, todos los vientos desfavorables que había encerrado Eolo escaparon con furia, y desataron una terrible tormenta que los arrastró de regreso a Eolia.

Allí, Ulises volvió a pedir ayuda a Eolo. Pero el dios de los vientos, muy enojado, se la negó. Desolado, Ulises se hizo a la mar, de vuelta a casa, con todos los vientos en contra.

- ¿Qué poderes tenía Eolo?

  ____

- ¿Cómo ayudó a Ulises?

  ____

  ____

- ¿Qué sucedió al abrir el odre?

  ____

  ____

TAREA: Bailando en la fiesta

13 ¿Sabías que la música está siempre presente en las fiestas tradicionales de cualquier lugar del mundo? Descúbrelo con esta tarea. Primero, escucha, canta y baila **Salta, Kalinke,** una canción popular de Bulgaria.

Salta, Kalinke, salta y baila;
¡qué envidiosos en la plaza!
Qué envidiosos en la plaza,
la danza quieren probarla (bis).

¿Quién nos mira en la esquina?
Es mi madre, es mi tía.
Es mi madre, es mi tía,
es la abuela, que nos mira (bis).

REPASO DE LA UNIDAD

14 **Cita tres materiales de la naturaleza con los que podrías fabricar una flauta.**

________________ ________________ ________________

15 **Lee y resuelve las cuestiones.**

- Escribe el número de figuras que pueden formar un compás cuaternario.

  ________ blancas ________ negras

  ________ corcheas ________ semicorcheas

- Marca las figuras que duran un pulso.

☐ una negra	☐ dos negras	☐ cuatro negras
☐ una corchea	☐ dos corcheas	☐ cuatro corcheas
☐ una semicorchea	☐ dos semicorcheas	☐ cuatro semicorcheas

16 **Dibuja los pulsos (•) de la canción siguiente. Interpreta con palmadas.**

Un •	ele- •	fan-	te	se	balan-	cea-	ba
so-	bre la	tela	de una	ara-	—	ña.	—
co-	mo	veí-	a	que no	se	caí-	a
fue	a llamar	a otro	ele-	fan-	—	te.	—

5 Aires de primavera

Brota la vida y el campo se adorna de colores. El trino de los pájaros y el canto de los niños llenan de alegría el ambiente: es Primavera.

Observa y crea onomatopeyas para los sonidos de la escena.

1 Escucha, juega y canta **Al jardín de la alegría.** Rodea las sílabas que llevan el pulso más fuerte.

A

Al jardín de la alegría
quiere mi madre que vaya,
a ver si me sale un novio,
el más bonito de España.

B

Vamos los dos, los dos, los dos,
vamos los dos en compañía;
vamos los dos, los dos, los dos,
al jardín de la alegría.

2 Escucha, canta y acompaña con un juego de palmas.

A

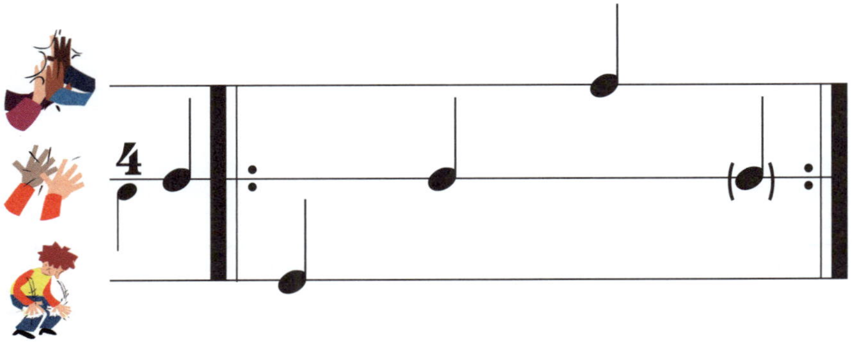

B

3 Observa y aprende el gesto para entonar la nota **RE.** Completa con las notas que ya conoces.

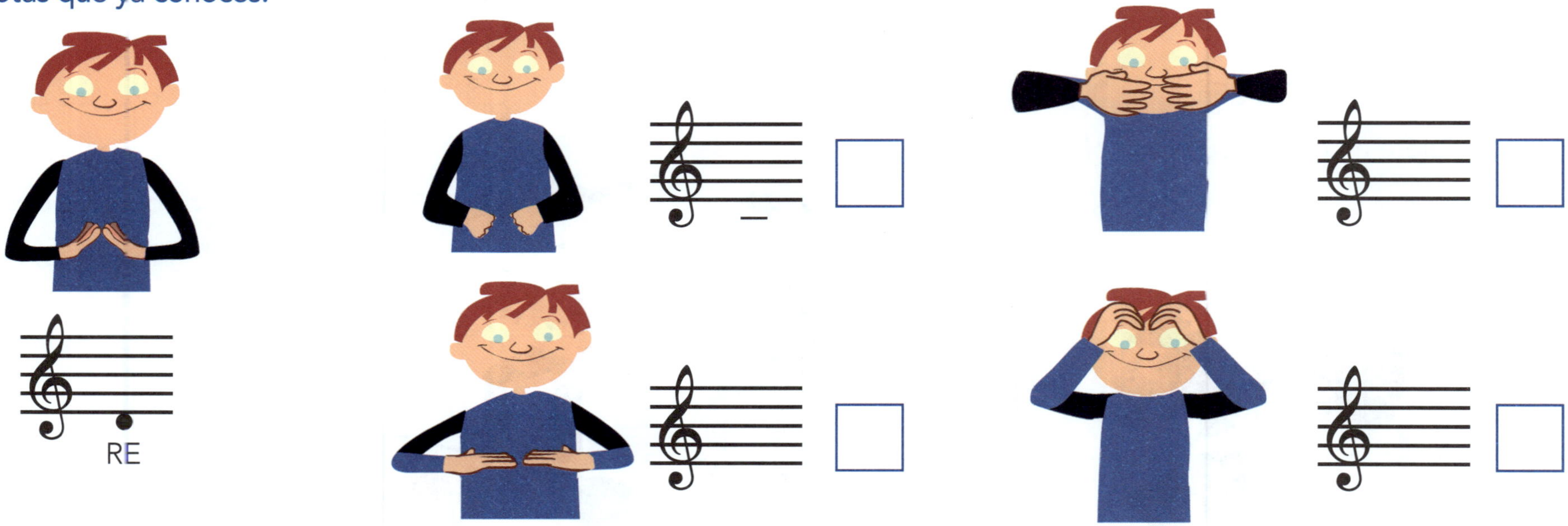

4 Escribe las notas en el pentagrama. Entona con los gestos aprendidos.

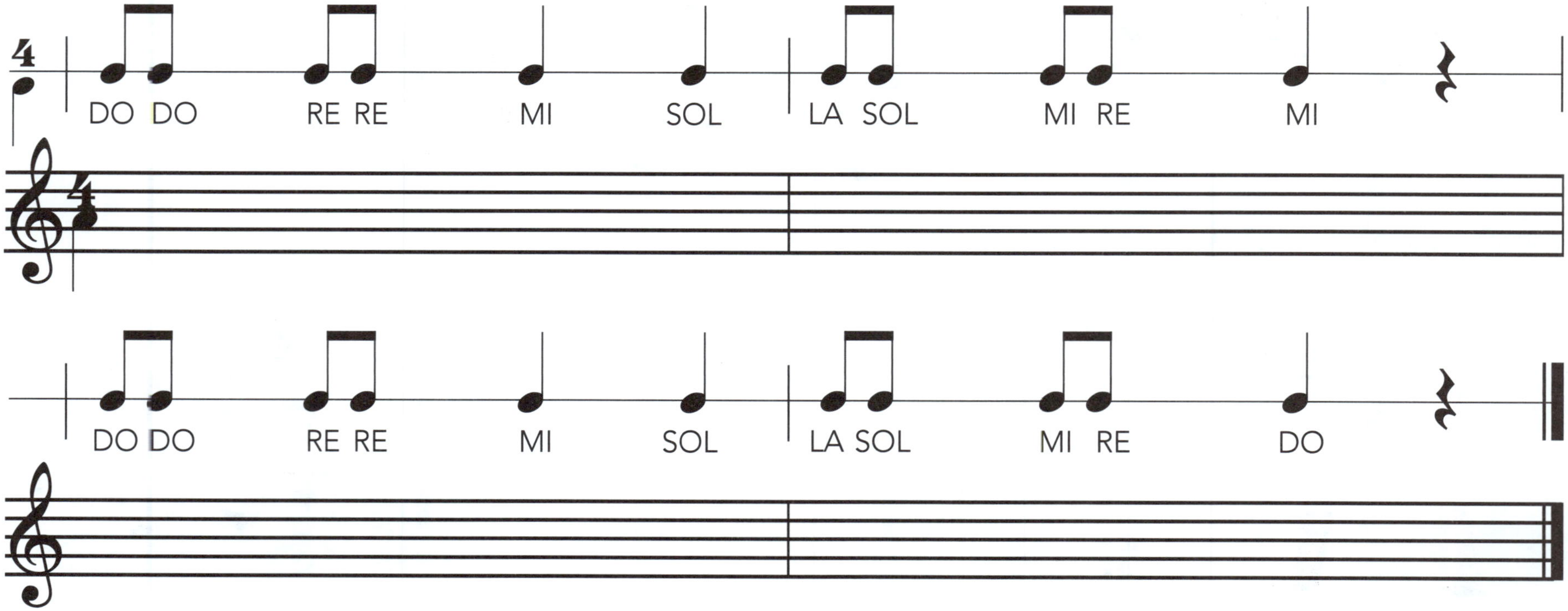

La **variación** consiste en ir realizando cambios durante una obra a partir de un tema que se presenta en primer lugar.

5 Aprende e interpreta con un instrumento de láminas, alternando ambas manos.

Al nacer el día

Tema

6 Interpreta **Al nacer el día,** siguiendo este esquema. Realiza una variación diferente en cada ocasión.

Tema → Variación → Tema → Variación → Tema → Variación → Tema

La **altura** de un sonido nos indica si es **grave** o **agudo.** Entre los sonidos graves y agudos puede haber otros denominados sonidos medios.

7 Observa como el tamaño del objeto sonoro determina la altura del sonido que puede emitir.

8 **Dictado melódico.** Escucha con atención el dictado y numera en el orden en que suenan.

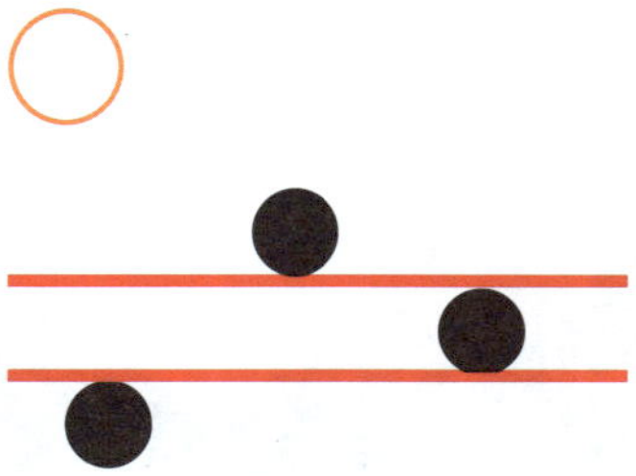

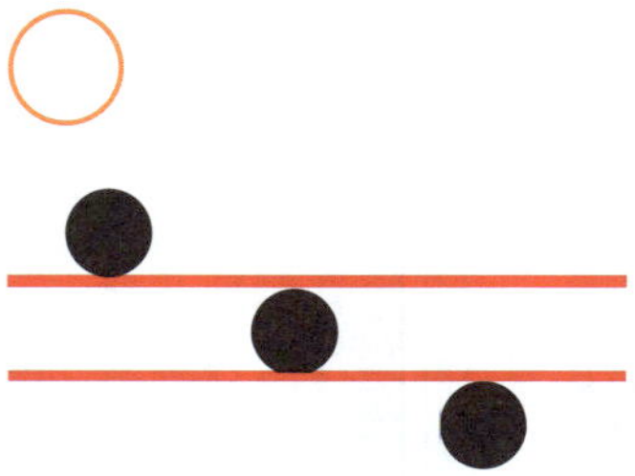

Unidad 5

9. Interpreta los ritmos con palmadas en las rodillas alternando ambas manos.

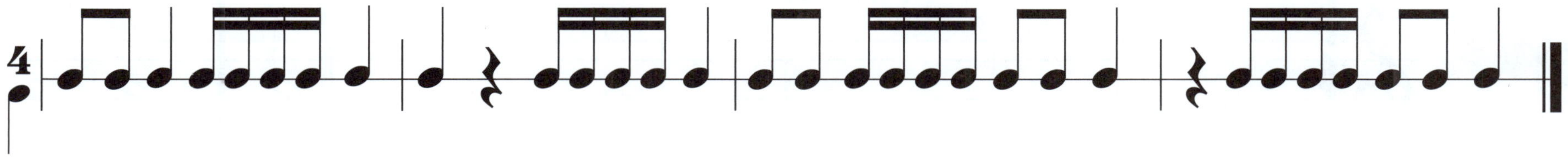

10. Escribe las notas en el pentagrama. Entona.

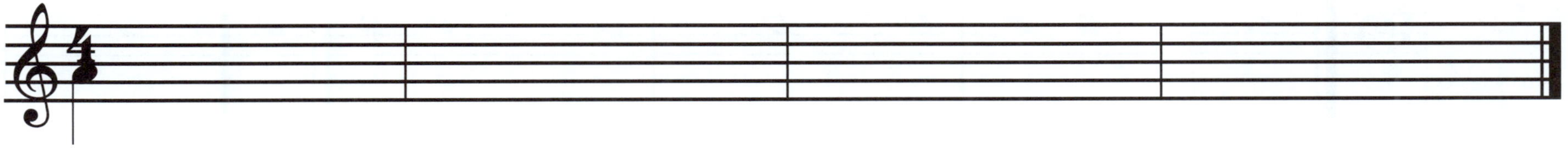

11. **Dictado rítmico.** Escucha con atención el dictado y escribe los ritmos. Interpreta en orden con percusión.

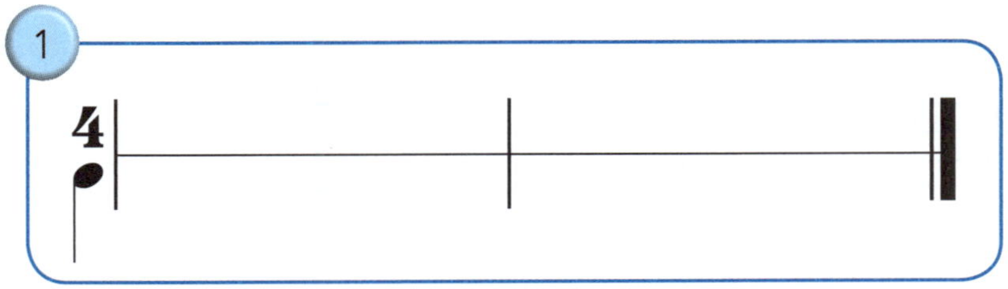

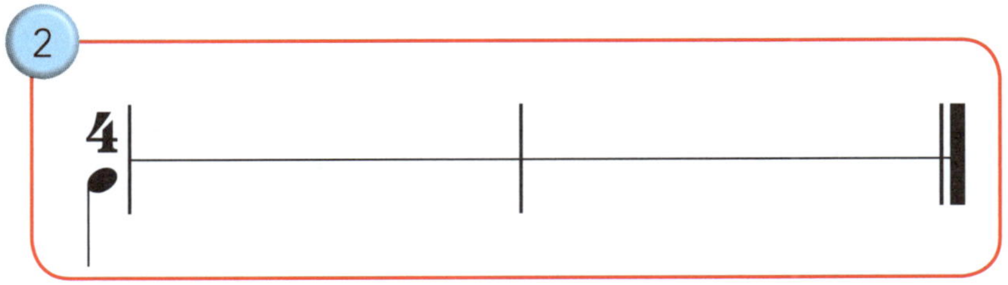

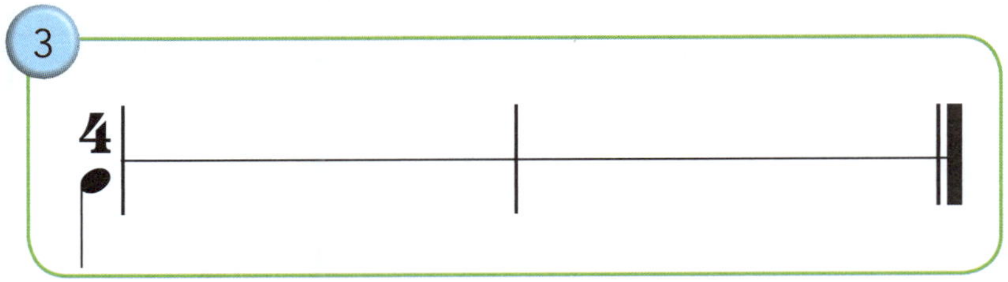

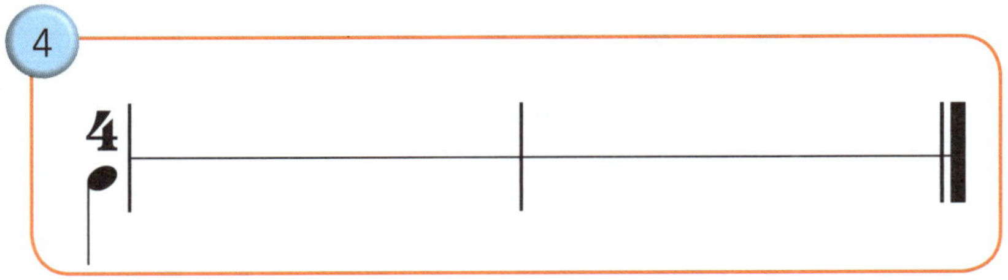

12 Escucha, aprende e interpreta como se indica.

Forma: (A A B B Puente) ×4

La flor púrpura

A

Alto y bajo

B

Alto y bajo

Percusión

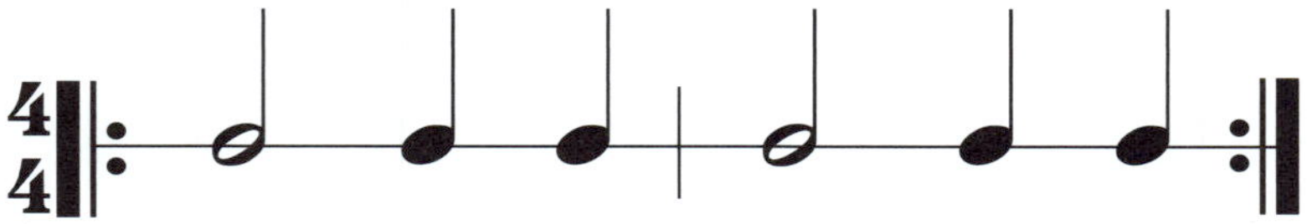

13 Escucha, canta y acompaña **El sabio chamán.** Completa el texto y numera en orden.

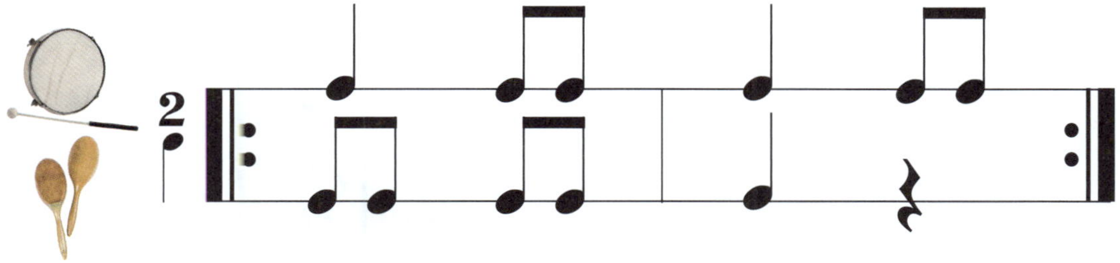

1. El sabio chamán, que todo lo cura,
   me ha dado unas hierbas para ____________.
2. El sabio chamán no es de este país,
   me ha dado unas hierbas para ____________.
3. El sabio chamán en la carretera,
   me ha dado unas hierbas para ____________.
4. El sabio chamán que sabe de todo,
   me ha dado unas hierbas para ____________.

5. El sabio chamán vino en bicicleta,
   me ha dado unas hierbas para ____________.
6. El sabio chamán que está en el banquillo,
   me ha dado unas hierbas para ____________.
7. El sabio chamán comiendo tortilla,
   me ha dado unas hierbas para ____________.

14 Observa y relaciona cada música con una imagen. Numera en el orden en que suenan.

( ) Danza de campesinos

( ) Rayos y truenos

( ) Arroyo

( ) Lluvia

( ) Pajarito

( ) Viento

Beethoven

Sexta Sinfonía, Pastoral, de Beethoven.

15 Lee **Kokopelli** y responde a las cuestiones.

Cuenta la leyenda que hace muchos años vivía en el continente americano un personaje a quien los nativos admiraban y rendían culto.

Se llamaba Kokopelli. Para ellos él era como un dios que utilizaba sus poderes para que surgiera la vida en primavera.

Kokopelli era un pícaro curandero que viajaba incansable de aldea en aldea tocando la flauta y contando historias.

La gente salía a su encuentro al verle llegar, con su inconfundible joroba en la que se dice que guardaba sacos de semillas y canciones.

Cuando Kokopelli comenzaba a tocar, todos se contagiaban de su música y cantaban y bailaban felices, sin cesar, hasta el amanecer.

Tras su marcha, a los pocos días, el pueblo comprobaba que se había producido el cambio del invierno a la primavera. Las nieves se derretían y las lluvias comenzaban a alimentar las cosechas.

Se conocen inscripciones de su figura en diversas rocas que pueden tener miles de años y todavía hoy su figura atrae a todo el mundo; pues se cree que su flauta se puede escuchar en la brisa de la primavera.

- ¿Quién era Kokopelli?

____

____

- ¿Qué provocaba el paso de Kokopelli por los pueblos?

____

____

____

TAREA: Paisaje musical

16 ¿Sabes que la belleza de los paisajes y el paso de las estaciones han servido de inspiración a grandes compositores? Descúbrelo con esta tarea. Primero, escucha, aprende y canta **Lavanda azul** (Inglaterra).

Chicos

Chicas

Todos

Lavanda gris, **dily dily,** lavanda azul.
Yo seré el rey, **dily, dily,** la reina tú.
¿Quién lo contó, **dily, dily,** quién lo contó?
Mi corazón, **dily, dily,** me lo contó.

Quiero bailar, **dily, dily,** quiero cantar;
reina seré, **dily, dily,** tú rey serás.
¿Quién lo contó, **dily, dily,** quién lo contó?
Yo lo conté, **dily, dily,** lo conté yo.

Lavanda gris, **dily dily,** lavanda azul;
yo te amaré, **dily, dily,** si me amas tú.
Aves, cantad, **dily, dily,** peces, bailad;
seguros ya, **dily, dily,** lejos del mal.

Repaso de la unidad

17 Lee y escribe las palabras relacionadas con el lenguaje musical.

Notas de la escala	Línea divisoria	Compás cuaternario	Doble barra	Clave de SOL	Signo de repetición

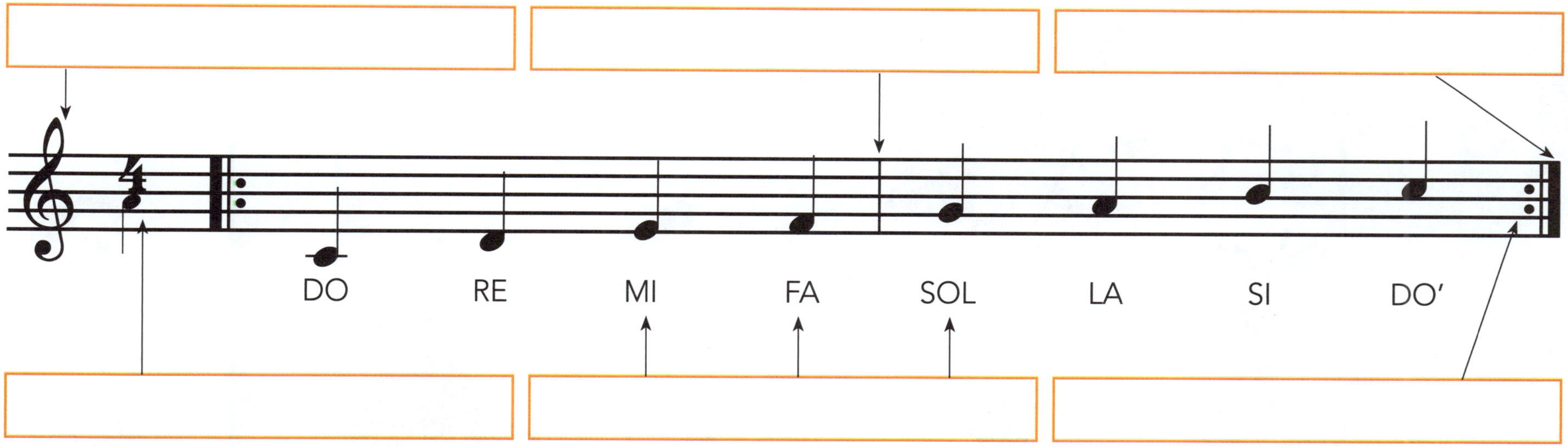

18 Observa y escribe las notas en el pentagrama. Elige el compás y la duración de las figuras.

SOL			●		●				●		●	
MI		●		●			●					
DO	●					●		●		●		●

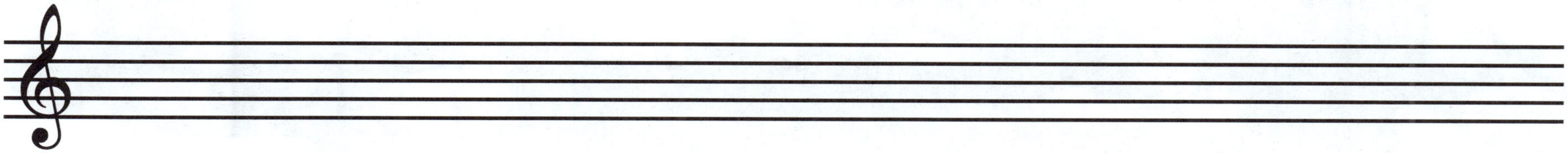

6 Voces de colores

La voz humana se puede considerar como el instrumento más perfecto. Cuando se agrupan los distintos timbres se crea un mosaico sonoro que emociona.

Observa y nombra tres grupos de voces.

1 Escucha, aprende y canta en coro **De colores**.

De colores,
In bright colours a muse decorated
a bloom, now it's Spring.

De colores,
In bright colours the birds who returned
and they're happy some Spring.

De colores,
In bright colours of rainbow
all bright stands a beautiful sky.

Y por eso los grandes amores
de muchos colores me gustan a mí.
For our friends far and near come
to be with us here and will colour
our lives once again.

De colores,
It's the colours around when
the sunlight awakens the day.

De colores,
Keep the colours in sight
as the sun shines its glorious rays.

De colores,
It's the colours it makes
as a tiny delight of the sky.

Y por eso los grandes amores
de muchos colores me gustan a mí.
For our friends far and near come
to be with us here and will colour
our lives once again.

2 Observa y aprende los gestos para entonar **FA** y **SI**. Escribe y canta la escala musical en sentido ascendente.

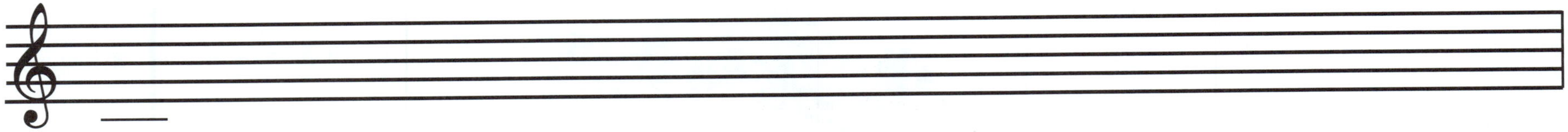

3 Escribe las notas en el pentagrama. Entona con la voz.

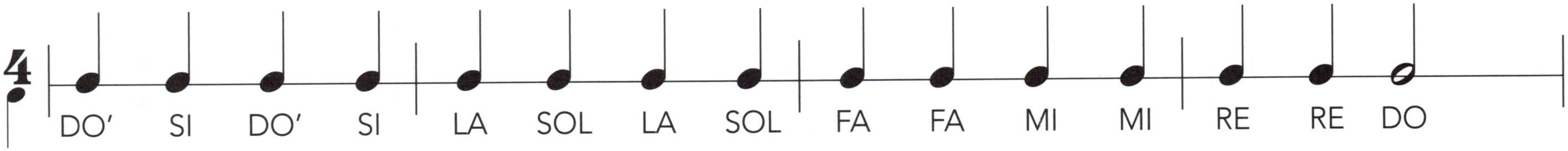

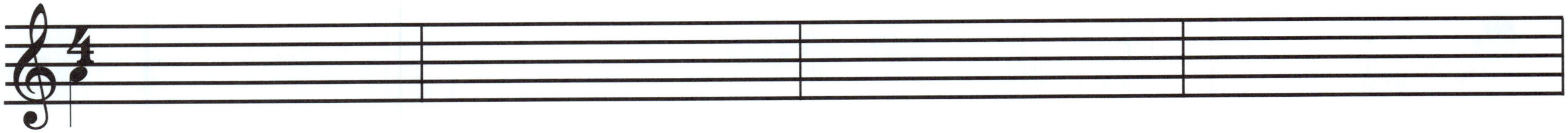

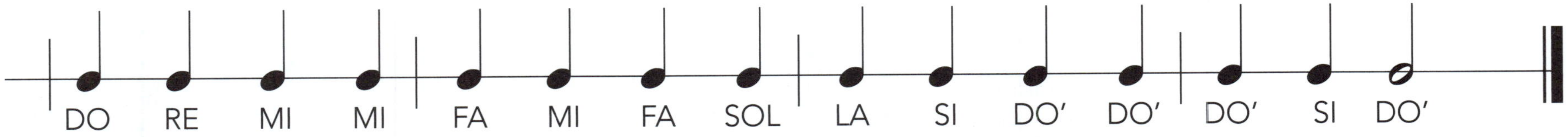

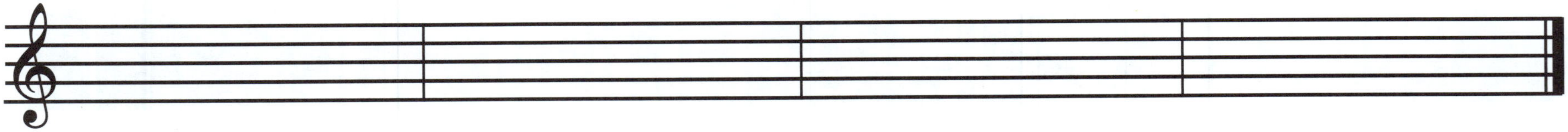

4 Escucha, observa y baila **¡Oh, Susana!** (EE. UU.).

Forma: **(I A A' B B') ×4**

Posición inicial — Por parejas en un mismo círculo mirando hacia el centro.

A A' — **Chicas:** Al centro en tres pasos y palmada; tres pasos marcha atrás y dos palmadas.

Chicos: Repiten.

B — Giro con la pareja con el brazo derecho (8 pasos). Repite con el izquierdo.

B' — Paseo con la pareja hacia la derecha.

Cantar bien es un arte que requiere una técnica en la que se deben ejercitar cuatro aspectos importantes: la **relajación**, la **respiración**, la **resonancia** y la **articulación.**

5 Lee, aprende y practica para obtener una buena entonación.

1 **Relajación:** relaja los músculos para conseguir tranquilidad.

2 **Respiración:** en tres fases, inspiración, retención y espiración.

3 **Resonancia:** amplifica el sonido en la cavidad bucal, nasal y faringe.

4 **Articulación:** pronuncia correctamente para hacer comprensible el canto.

6 Relaciona y numera cada actividad con una de las cuatro técnicas vocales.

- ☐ Imitar un ventilador.
- ☐ Chasquear la lengua.
- ☐ Hacer pompas de jabón.
- ☐ Imitar el mugido de una vaca.
- ☐ Reaccionar a un olor exquisito.
- ☐ Bostezar.
- ☐ Imitar una marioneta.
- ☐ Inspirar mientras cuentas hasta veinte.
- ☐ Amasar la cara.

7 Escucha e interpreta con tu flauta la siguiente melodía.

CD o profesor

Forma: I A A B A' I A A B A' I

El zorro Fox

Percusión

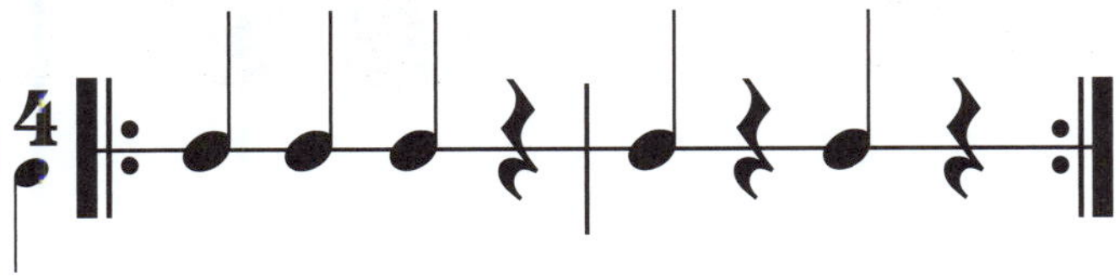

La **voz** humana está considerada como el instrumento más perfecto que existe.

La voz masculina es grave. La voz femenina y la voz infantil son agudas.

8 Observa los coros y escribe cómo es cada voz, aguda o grave. Escucha y numera en orden.

◯ Voz ______________________

◯ Voz ______________________

◯ Voz ______________________

9 Lee y completa con aguda o grave.

- La voz infantil y la femenina son más ______________________ que la masculina.
- La voz masculina es más ______________________ que la infantil y la femenina.
- Mi voz es más ______________________ que la de mi ______________________.

Cuando un grupo de personas interpretan una pieza cantada de forma coordinada a una o varias voces se le denomina **coro, coral** o **agrupación vocal.**

Existe una gran variedad de coros tanto por el tipo de voces que lo integran como por el estilo que interpretan de forma colectiva.

10 Escucha algunos ejemplos de música coral y numera en el orden en que suenan.

○ Escolanía de niños

○ Coro de música étnica

○ Coro de ópera

○ Coro de Gospel

○ Coral religiosa

○ Coro de zarzuela

11 Escucha y acompaña como se indica. Sigue la forma de la obra.

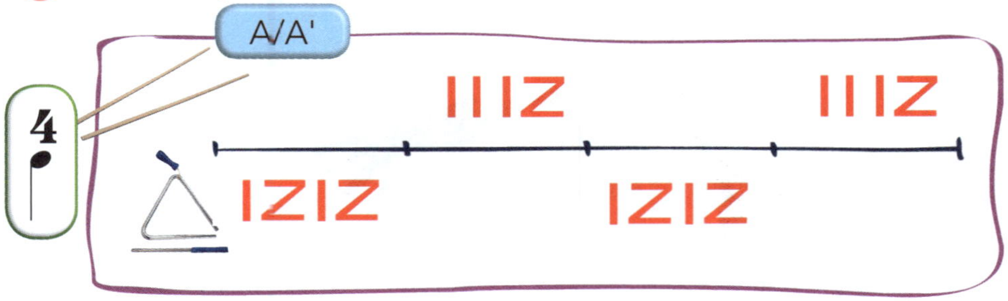

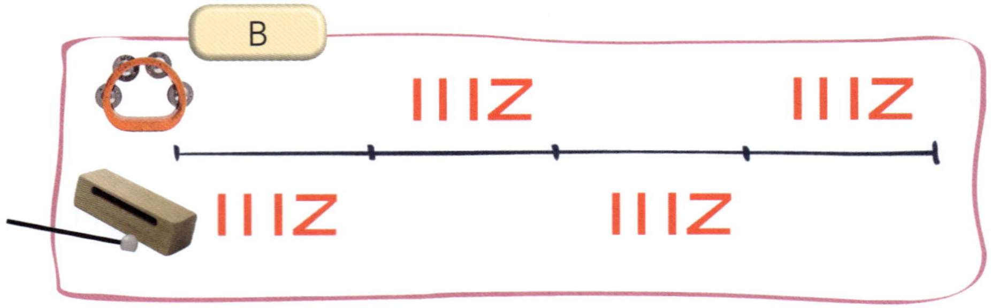

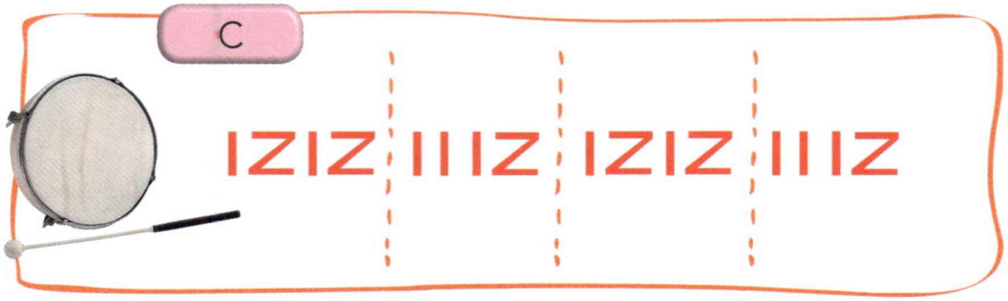

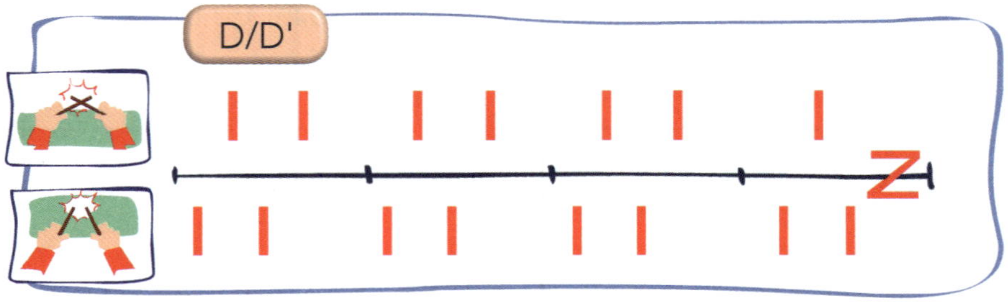

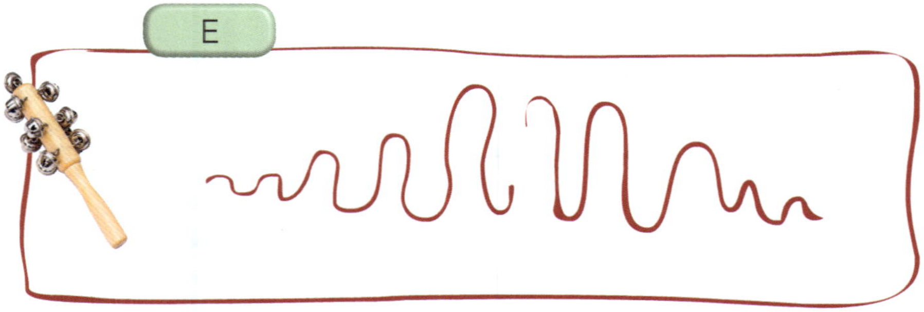

Final

Todos, marcando el pulso hasta el final…

Forma

‖: A :‖	‖: B A' :‖	‖: C :‖
‖: D :‖	‖: E D :‖	‖: C :‖
‖: A :‖	‖: B A' :‖	‖: C :‖

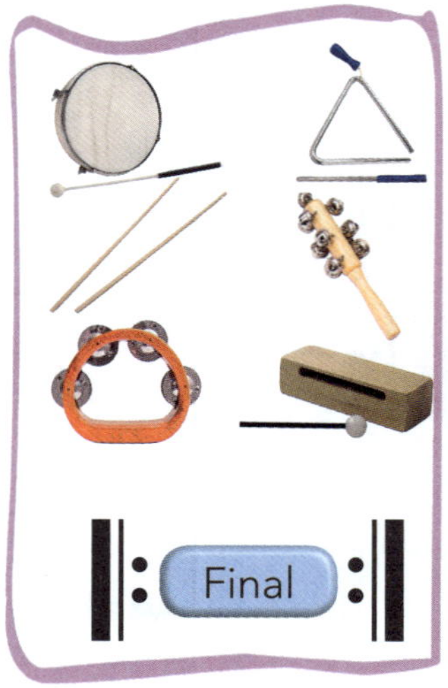

Mozart

Marcha turca, de Mozart.

12 Lee y aprende detalles sobre la vida del compositor **Wolfgang Amadeus Mozart.**

Mozart fue un niño prodigio, con unas condiciones únicas para la música. Antes de empezar a leer, ya sabía tocar el teclado y el violín.

Su padre, Leopold Mozart, le inició en la música cuando solo tenía 4 años, al igual que a su hermana Nannerl, dos años mayor que él.

A los seis años, Mozart leía partituras y era ya un excelente intérprete. Tenía una gran capacidad para la improvisación.

Su padre se dio cuenta del talento precoz de su hijo y le organizó conciertos por toda Europa. Llegó a tocar para los reyes en Londres.

Causaba sensación por donde pasaba. Demostró ser un genio musical, ya que tenía un oído y una memoria musical privilegiados.

Hoy día, Mozart es uno de los mejores compositores de la historia. Murió muy joven, pero nos dejó toda la grandeza de su música.

TAREA: Juegos divertidos

13 Hay juegos tradicionales que se acompañan de divertidas canciones e interpretaciones rítmicas. Descubre alguno con esta tarea. Primero, escucha, aprende y canta **Una, dos y tres,** una canción de Marruecos.

Una, dos y tres,
mi padre en Marrakech
ha comprado camisas
para mí, para mi hermana
Jadisha, Jadisha.

Le subo a su despacho,
sirope en un vaso,
y al alcalde Sayed
menta llevaré.
Una, dos y tres.

Repaso de la unidad

14 Relaciona con líneas los principales aspectos de la técnica vocal.

• Relajación	Amplificar el sonido en las cavidades bucal y nasal.
• Respiración	Pronunciar correctamente para que se entienda el canto.
• Resonancia	Administrar y dosificar el aire que hemos inspirado.
• Articulación	Dominar el nerviosismo y conseguir tranquilidad.

15 Lee y busca las soluciones en la sopa de letras.

- Primera nota de la escala musical.
- Sonido contrario a suave.
- Nota musical luminosa como el…
- Esquema rítmico o melódico que se repite.
- Sonido contrario a grave.
- Las musicales son siete y van en…
- Las notas musicales se escriben sobre el…
- Cada grupo de pulsos se llama…
- Sonido contrario a corto.
- Personaje que nos ha guiado a lo largo del curso.

A	G	C	E	O	A	P	A	E	N
A	D	U	E	N	D	E	O	X	C
N	R	O	S	T	I	N	A	T	O
I	C	V	O	F	W	T	L	U	M
M	E	S	C	A	L	A	F	U	P
A	T	J	L	G	A	G	C	N	A
A	C	O	F	U	E	R	T	E	S
S	O	L	M	D	Z	A	S	E	L
C	M	R	I	O	M	M	T	I	Z
A	D	O	L	T	L	A	R	G	O

Canto

1 Escucha, canta y juega en corro.

Viva la media naranja

Viva la media naranja,
viva la naranja entera.
Vivan los marineritos
que van por la carretera.

Ferrocarril, camino llano,
en el vapor se va mi hermano.
Se va mi hermano, se va mi amor,
se va la prenda que adoro yo,
que adoro yo.

Del hueso de una aceituna
tengo que hacer un tintero;
del tintero, una pluma;
de la pluma, un manguillero.

Estribillo

Me he comprado un pajarito
que canta lindas canciones,
me despierta con sus trinos
y me duerme con sus sones.

Estribillo

2 Escucha, aprende y canta la canción.

Pasó el frio invierno

Pasó el frío invierno,
llegó el mes de abril,
y mayo ha traído
el cuco cantarín.

Cucú, cucú,
llegó el mes de abril
y mayo ha traído
el cuco cantarín.

Allá en las montañas
la nieve se fundió;
comienza a hacer el nido
el cuco bajo el sol.

Cucú, cucú,
la nieve se fundió;
comienza a hacer el nido
el cuco bajo el sol.

3 Escucha, aprende y canta la canción popular.

Que soy gaiteru

Ya sabes que tengo gaita,
ya sabes que soy gaiteru,
ya sabes que como yo
non hay quien toque el punteru.

Que soy gaiteru
ya tú lo sabes
y que mi gaita
se oye en el valle.

Dime, pajarito, dime,
dime, ¿qué comes?
Pues como arena del río,
hojas y flores.

El fuelle de la mía gaita
ye de terciopelo negro;
el flecu de seda verde
que me lu merqué en Oviedo.

Estribillo

4 Escucha, aprende y canta la canción popular.

Quítate de esa esquina

Quítate de esa esquina,
mozo, que llueve.
Quítate de esa esquina,
mozo, que llueve.

Deja correr el agua
del aire, por donde suene,
niña, la orilla,
por donde suene, ¡vida!

Levántate las alas
de ese sombrero.
Levántate las alas
de ese sombrero.

Porque pareces rubio, moreno.
Que quiero verte,
cara bonita,
que quiero verte, ¡vida!

Interpretación

5 Escucha e interpreta con tu flauta la partitura siguiente.

CD o profesor

Forma: I (A A' B) ×4
I (A A' B) ×4 I

SI, LA bailara

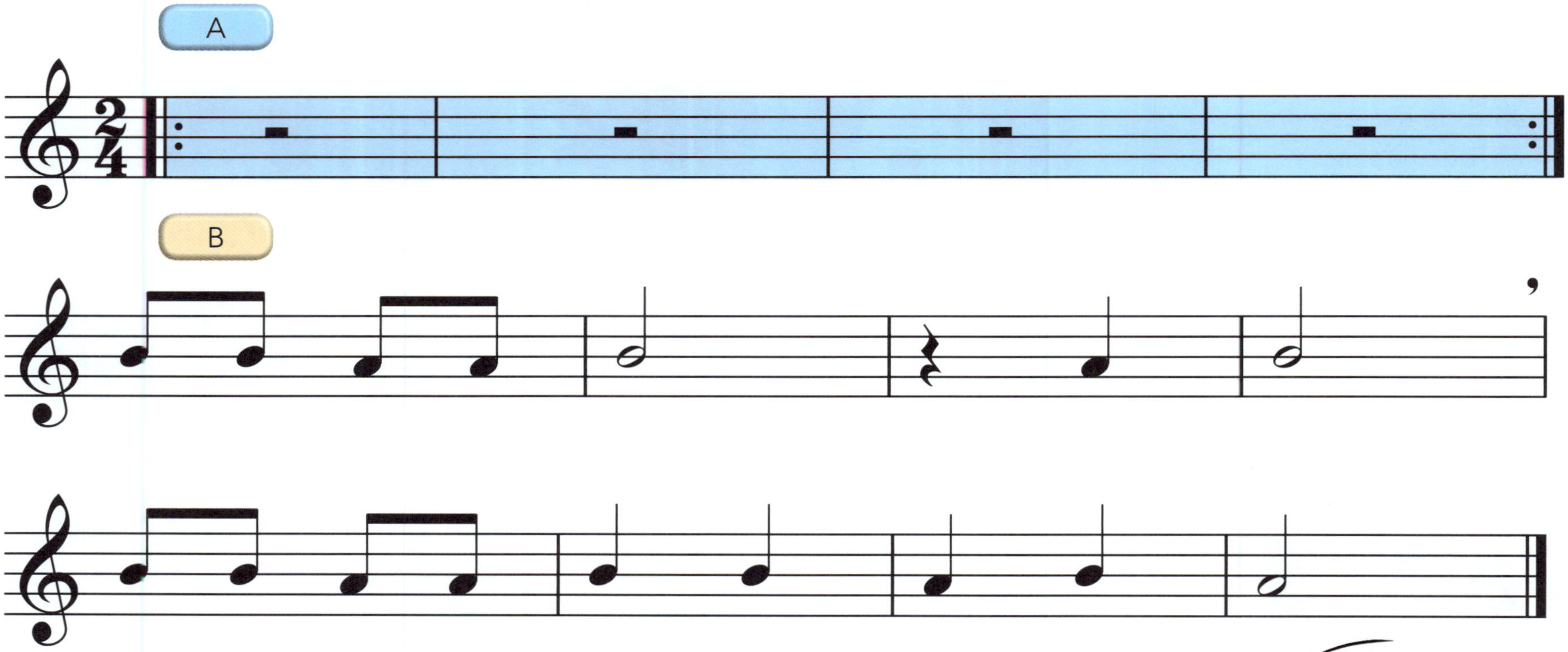

6 Escucha e interpreta con tu flauta la partitura siguiente.

Forma: (A A B B) ×3

SOL, LAura y SIlvia

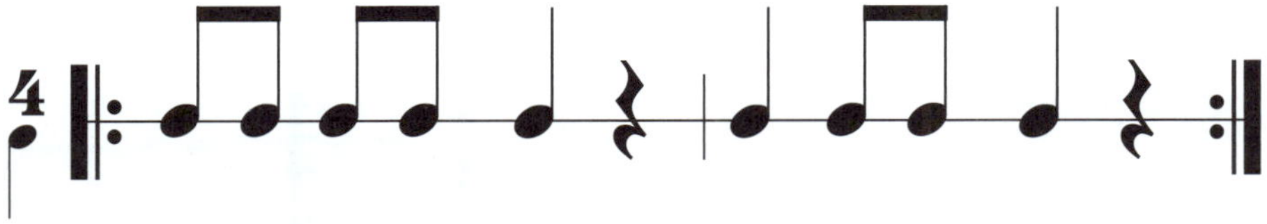

7 Escucha y canta o interpreta con tu flauta la partitura siguiente.

Forma: **(A A B B)** ×4

Copacabana

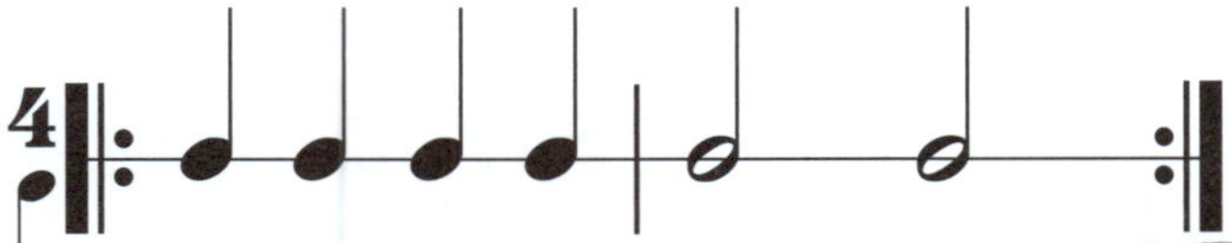

8 Escucha e interpreta con tu flauta la partitura siguiente.

Forma: I A A
I A A I

MariSOL SI LA canta

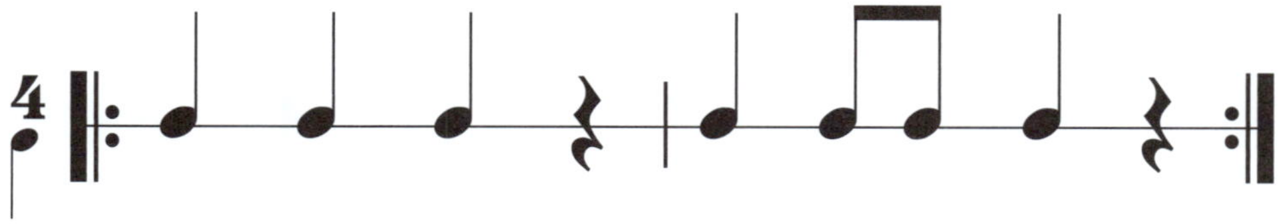

Índice de audiciones

Los temas 1, 4, 6, 7, 9, 10, 13, 14 y 16 son originales de los autores de la presente obra. De ellos, los temas 1 y 6 han sido arreglados y grabados por Paco Gómez; los temas 7, 9, 14 y 16 por M. Ángel Collado.

Las letras de los temas 2, 11, 15 y 17 han sido adaptadas y traducidas al castellano por Eva F. Gancedo.

El tema 3 ha sido programado por Jualma Sonido (Valencia).

Los temas 2, 5, 8, 11, 12, 15 y 17, que son populares, y los originales 4, 10 y 13 han sido adaptados por Eva F. Gancedo, Eliseo Parra y Freddy Marugán; interpretados por Eliseo Parra (percusión), Freddy Marugán (guitarras, saz, mandolina, banjo, bouzuki, charango, armónica), Luis García (violín) y Luis Lozano (bajo, steel drums, quena y batería). Todos estos temas han sido grabados y mezclados por Luis Lozano (Estudio La Colmena) excepto el 12 en el que interviene el grupo La Musgaña y ha sido grabado por Miguel Ángel Collado.

Los temas han sido cantados por Celia Vergara excepto el 12 por Eliseo Parra, el 3 por Caridad Monrós, el 5 por Jimena Zallas, el 14 «Willy» López Pascual; y los temas 2, 8 y 15 en los que participa Freddy Marugán.

Teresa Aguado toca flautas de pico en los temas 4, 7, 10, 13 y 16; y Rafael Rivas, a dúo, en los temas 7 y 16.

Producción musical: Eva Gancedo

Edición: Cristina Fernández

Masterización: Estudio La Colmena (Luis Lozano).